高 等 职 业 教 育

"岗课赛证" 融通

新 形 态 一 体 化 教 材

U0771901

幼儿园教育环境创设

邰康锋 主编

中国教育出版传媒集团

高等教育出版社·北京

内容简介

本教材是高等职业教育"岗课赛证"融通新形态一体化教材、职业教育国家在线精品课程配套教材。

本教材包括导论和四个项目：导论包括幼儿园教育环境概述，幼儿园教育环境创设的理论基础、原则和方法等；四个项目分别是幼儿园物质环境创设、幼儿园心理环境创设、幼儿园主题活动环境创设，以及幼儿园与家庭、社区。

本教材从使用者出发，尊重学习者的学习特点，融入课程思政，着眼于岗（职业岗位）、课（专业课程内容）、赛（职业技能大赛）、证（幼儿园教师资格考证）有机融合。

本教材配套建设有数字课程和用二维码链接的视频资源，以方便教师开展线上线下混合式教学和学生自主学习。

本教材可作为高职专科、职教本科、五年制高职、继续教育院校学前教育、早期教育、婴幼儿托育服务与管理等专业教学用书，也可供幼儿园教师等学前教育工作者参考。

图书在版编目（ＣＩＰ）数据

幼儿园教育环境创设 / 邰康锋主编. -- 北京 ：高等教育出版社，2023.4
ISBN 978-7-04-059437-9

Ⅰ．①幼… Ⅱ．①邰… Ⅲ．①幼儿园－教育环境学－高等职业教育－教材 Ⅳ．①G617

中国版本图书馆CIP数据核字（2022）第173798号

YOU' ERYUAN JIAOYUHUANJING CHUANGSHE

| 策划编辑 | 赵清梅 | 责任编辑 | 赵清梅 | 封面设计 | 张志奇 | 版式设计 | 王艳红 |
| 责任绘图 | 李沛蓉 | 责任校对 | 窦丽娜 | 责任印制 | 存 怡 | | |

出版发行	高等教育出版社	网 址	http://www.hep.edu.cn
社 址	北京市西城区德外大街 4 号		http://www.hep.com.cn
邮政编码	100120	网上订购	http://www.hepmall.com.cn
印 刷	鸿博昊天科技有限公司		http://www.hepmall.com
开 本	787mm×1092mm 1/16		http://www.hepmall.cn
印 张	11		
字 数	210 千字	版 次	2023 年 4 月第 1 版
购书热线	010-58581118	印 次	2023 年 4 月第 1 次印刷
咨询电话	400-810-0598	定 价	26.00 元

本书如有缺页、倒页、脱页等质量问题，请到所购图书销售部门联系调换
版权所有 侵权必究
物 料 号 59437-00

前　言

环境是幼儿的第三位老师，对幼儿的成长发展影响很大。《3—6岁儿童学习与发展指南》强调要珍视游戏和生活的独特价值，创设丰富的教育环境，合理安排一日生活。《幼儿园教师专业标准（试行）》将环境的创设与利用作为幼儿园教师专业能力的重要方面，提出要创设有助于促进幼儿成长、学习、游戏的教育环境等。《学前教育专业师范生教师职业能力标准（试行）》中把开展环境创设作为学前教育专业学生保育和教育实践的核心能力，明确要从创设物质环境、营造心理环境、创设游戏环境方面予以培养。环境创设既是幼儿园教师职后发展的基本能力，也是学前教育专业学生职前培养的核心素质，是幼儿园教育工作者的"必修课"和"基本功"。

本书分为导论和四个项目。导论系统介绍了幼儿园教育环境的概念、分类、特点及创设的意义，幼儿园教育环境创设的理论基础，幼儿园教育环境创设的原则和方法，幼儿园教育环境与课程的关系及教师在幼儿园教育环境创设中的作用；项目一幼儿园物质环境创设，从三个不同的场域——幼儿园户外环境、幼儿园室内环境及幼儿园区域环境分别阐述了各自的创设内容及创设要点；项目二幼儿园心理环境创设，从教师和幼儿健康心理表现分析幼儿园良好心理环境创设的策略；项目三幼儿园主题活动环境创设，在分析幼儿园主题活动环境的概念、作用及创设原则的基础上阐述了幼儿园主题活动环境创设的方法途径；项目四幼儿园与家庭、社区，分别从家庭、社区、地域环境分析如何开发利用各自的环境资源为家园共育服务。

本教材以党的二十大精神为指引，力求做到和体现"三个结合"。一是理论与实践相结合。在阐述学生必需、够用的环境创设的基本理论之时，突出能力为本，着力培养学生幼儿园教育环境创设的实践能力，以胜任幼儿园教师岗位的能力要求。二是高校教学改革与幼儿园保教实际相结合。本教材既吸收高校学前教育专业环境创设课程教育教学改革的成果，又吸收幼儿园保教过程中环境创设的实践成果，丰富教材内容，彰显校、园融合育人特色。三是线下与线上相结合。本教材配套线上课程资源，满足开放式、远程化等多种学习场景需求。

本教材在内容和体例上力求做到科学、系统、实用、新颖，编写中力求体现以下特色：以问题导入，突出教师教育的探究合作学习理念；运用思维导图，帮助学生形成系统知识体系；设置案例分析栏目，注重知识的运用和学生解决问题能力的培养；设置真题链接和国考模拟栏目，适应"岗课赛证"综合育人要求，让学生充分掌握答题思路；设有实践操作案例，突出实践，强化应用，做到理实一体；设置课外拓展栏目，立足校园，开拓视野，激发学生自主学习的兴趣，体现学习的开放性。

本教材由邰康锋（咸阳职业技术学院）担任主编。具体编写分工如下：导论由邰康锋、石琬青（铜川职业技术学院）编写，项目一由边宝丽（咸阳职业技术学院）、邵蕾（咸阳职业技术学院）、郭蕾（咸阳师范学院）编写，项目二由邰康锋编写，项目三由南楠（陕西职业技术学院）编写，项目四由邰康锋编写。

本教材在编写过程中，得到了高等教育出版社编辑的关心和支持，在此表示衷心的感谢！也向提供图片的高小荣园长，西咸新区沣西新城第八幼儿园、沣西新城文教园第一幼儿园、西安交大阳光幼儿园、西安交大阳光逸园幼儿园、西安德泰曲江幼儿园、咸阳秦都阳光宝宝幼教发展中心、上海市浦东新区东方幼儿园、浙江省省级机关保傲幼儿园、咸阳职业技术学院附属幼儿园等幼儿园以及一线教师的大力支持表示衷心的感谢！

教材中个别图例选自有关出版物和网站，限于编者能力，无法与原作者取得联系。敬请谅解并联系我们，我们将在教材中注明并表示感谢！

由于编者水平能力的局限，本教材疏漏之处在所难免，恳请各位同仁、读者多提意见建议，以期在修订版中弥补完善。

编者

2022 年 11 月

目　录

导论

　　《幼儿园工作规程》明确提出："幼儿园应当将环境作为重要的教育资源，合理利用室内外环境，创设开放的、多样的区域活动空间，提供适合幼儿年龄特点的丰富的玩具、操作材料和幼儿读物，支持幼儿自主选择和主动学习，激发幼儿学习的兴趣与探究的愿望。"幼儿园作为专门性的教育机构，是幼儿学习、生活的重要场所。把环境创设作为幼儿园整体教育的有机组成部分，是实现教育目标的重要途径。好的幼儿园教育环境本身就是幼儿的教科书和良师，对幼儿园中的每一个成员都有潜移默化的作用，可以说，在促进幼儿早期教育方面，极有效的做法之一就是创设良好的幼儿园教育环境。

学 习 导 览

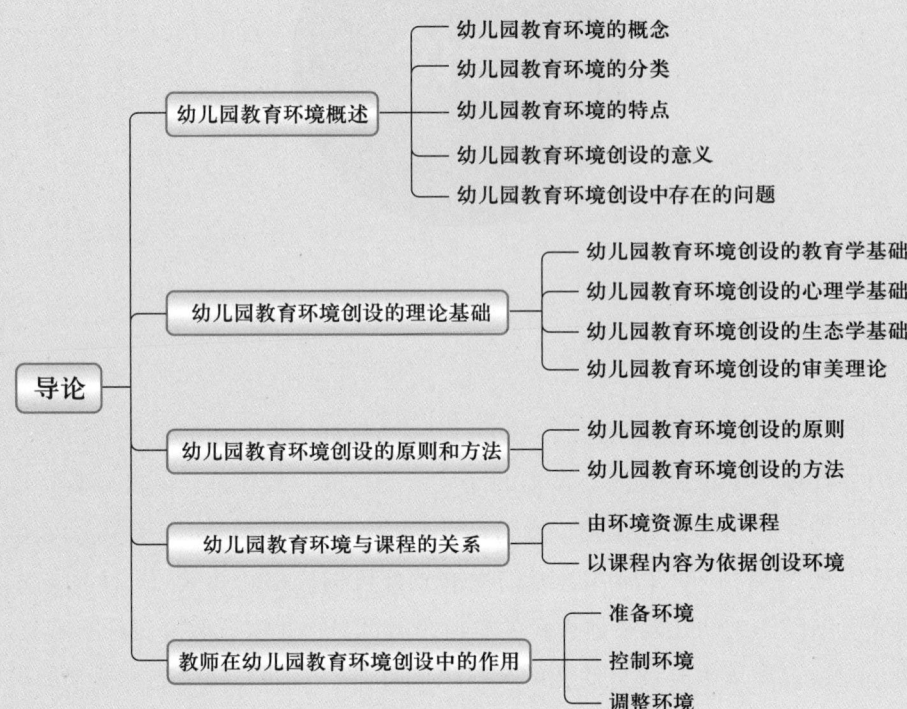

导论
├── 幼儿园教育环境概述
│   ├── 幼儿园教育环境的概念
│   ├── 幼儿园教育环境的分类
│   ├── 幼儿园教育环境的特点
│   ├── 幼儿园教育环境创设的意义
│   └── 幼儿园教育环境创设中存在的问题
├── 幼儿园教育环境创设的理论基础
│   ├── 幼儿园教育环境创设的教育学基础
│   ├── 幼儿园教育环境创设的心理学基础
│   ├── 幼儿园教育环境创设的生态学基础
│   └── 幼儿园教育环境创设的审美理论
├── 幼儿园教育环境创设的原则和方法
│   ├── 幼儿园教育环境创设的原则
│   └── 幼儿园教育环境创设的方法
├── 幼儿园教育环境与课程的关系
│   ├── 由环境资源生成课程
│   └── 以课程内容为依据创设环境
└── 教师在幼儿园教育环境创设中的作用
    ├── 准备环境
    ├── 控制环境
    └── 调整环境

知识目标

☐ 了解幼儿园教育环境创设的意义、原则、特点及方法。

☐ 了解幼儿园教育环境创设的现状。

☐ 领会教师在幼儿园教育环境创设中的作用。

能力目标

☐ 掌握幼儿园教育环境创设的理论基础，具备分析问题的能力。

☐ 能根据幼儿园的课程内容创设适宜的环境。

☐ 能分析幼儿园教育环境创设中所体现的原则。

素质目标

☐ 对幼儿园教育环境创设产生兴趣和热情。

☐ 通过任务实施，逐步形成职业素养。

☐ 热爱幼儿、热爱学前教育事业。

情境
导入

如何选择幼儿园

　　孩子到了上幼儿园的年龄了，家长在选择幼儿园时左右为难。有的家长看重师资队伍，认为幼儿园资质齐全，教师队伍正规是保障孩子安全的基础；有的家长选择有丰富游戏设备的幼儿园，认为丰富的游戏设备能更好地供孩子玩耍；有的家长刚好相反，更看重孩子在幼儿园中能学到多少文化知识，所以会选择让孩子在环境相对严肃的幼儿园学习；有的家长会选择装饰得特别漂亮的幼儿园，认为这样的环境可以陶冶孩子的审美情趣；有的家长会关注幼儿园的教育理念，认为具有先进教育理念的幼儿园可以更好地激发孩子的智力和创造力……面对家长的选择，学习学前教育专业的你有什么指导意见？你认为选择幼儿园时，家长更应看重什么？带着这些问题，我们开启这门课程的学习。

幼儿园环境
的定义、特
点

一、幼儿园教育环境概述

（一）幼儿园教育环境的概念

环境是人类社会赖以生存和发展的各种条件的总和，既包括人们赖以生存的自然条件，也包括人们在社会生活中的条件和社会关系。环境在个体发展中发挥着至关重要的作用。

幼儿园教育环境，从广义上讲，是指幼儿园教育赖以进行的一切条件的总和，它既包括幼儿园内部的环境，又包括园外的家庭、社会、自然、文化等大环境。狭义上的幼儿园教育环境是指幼儿园内幼儿身心发展所必须具备的一切物质条件和精神条件的总和。具体而言，幼儿园教育环境是集保育与教育，幼儿、家长、教师和工作人员等要素，设施设备等物质条件，在特定教育观指导下，为实现幼儿园教育与幼儿发展目标而创设的一种系统的、有目的的、动态性与稳定性并存的空间氛围营造。这一营造过程即是幼儿园教育环境的创设过程，既具长期性，又具当前性，既具教育性，又具保育性，既具物质性，又具精神性，其结果既是开放性的，又是相对封闭的。幼儿园教育环境创设以幼儿为本，并能够使幼儿参与其中，产生环境互动效应，发挥教育作用，从而使幼儿获得健康、快乐的发展（图0-1）。

图0-1 幼儿园外景

（二）幼儿园教育环境的分类

幼儿园是幼儿生活、活动的重要场所。幼儿园教育环境（又称幼儿园环境）既有物质形态的，又有精神形态的；既有内部的，又有外部的；既有室内的，又有室外的。多种多样的环境综合在一起对幼儿的身心发展具有潜移默化的作用。其中，最常见的是按构成内容的性质差异，将幼儿园教育环境分为物质环境和精神环境两大类。

广义的物质环境是指对幼儿园教育产生影响的一切物质要素的总和，包括自然风光、城市建筑、社区绿化、家庭物质条件、居家空间安排、室内装潢设计等。

狭义的物质环境是指幼儿园内对幼儿发展有影响的各种物质要素的总和，包括园舍建筑、园内装饰、场所布置、设备条件、物理空间的设计与利用及各种材料的选择与搭配等，如幼儿园内的沙地、绿地、大型游乐玩具，以及活动室、寝室、盥洗室等场所的活动设施、用具的布置等（图0-2~图0-5）。

图0-2　幼儿园户外场地

图0-3　幼儿园户外游戏设备

图0-4　幼儿园活动室

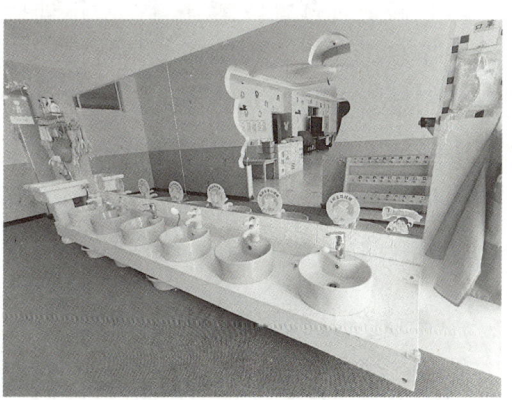

图0-5　幼儿园盥洗室

物质环境是学前教育存在与发展的必备条件。幼儿的认识活动主要是依靠感觉、表象和动作进行的，幼儿通过"触摸""看"和"听"来认识环境，因此，物质环境是幼儿园教育环境先决性的载体。良好的物质环境能陶冶性情，激发幼儿的好奇心，鼓励其探索行为，使幼儿在操作各种材料的过程中学习知识，获得各种社会行为，实现个体的发展。如果教师不具备高尚的师德，正确的教育观、发展观、儿童观及必要的保教技能，再好的物质条件，其教育效能也得不到充分发挥。如果盲目追求幼儿园物质条件的高标准、超豪华，而不注重教师素质、教学水平，就很难使物质环境发挥其教育作用。

幼儿园精神环境包括幼儿园心理环境和文化环境。心理环境是指幼儿园的人际关系及精神氛围，包括师幼关系、同伴关系、教师的态度与期望等。文化环境指幼儿园的物质文化、制度文化和精神文化，如幼儿园的管理制度、评价与奖惩制度、历史与传统、风气等（图0-6）。

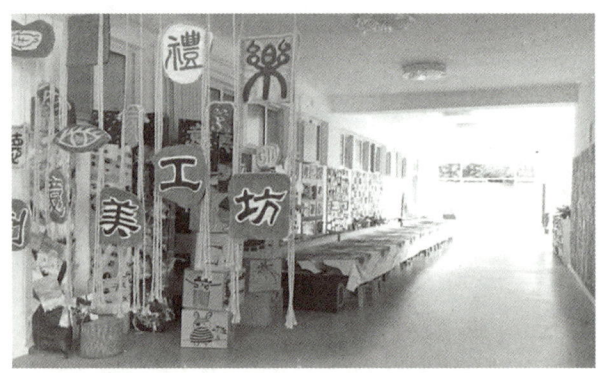

图0-6　幼儿园的文化环境

物质环境和精神环境并不是孤立地对幼儿起作用的。首先，物质环境既然是人工的，本身就有多层含义，而精神环境必定要通过人与物来体现，因而不可能独立存在。其次，物质环境与精神环境有着密切的相互依赖关系。例如，物质材料不充足会引起幼儿的争抢，过多时又会使幼儿不易选择而烦躁或对幼儿的刺激度下降。物质环境需要透过精神环境来发挥作用，而精神环境又必须基于物质环境来体现。因此，物质环境和精神环境两者之间的关系是相互作用、相互制约、相互影响的。

（三）幼儿园教育环境的特点

幼儿园教育环境有别于家庭环境，也不同于学校环境，学前教育的特殊性决定幼儿园教育环境必须以幼儿身心和谐发展为出发点和归宿点。结合幼儿园的任务、保育和教育的目标，以及幼儿发展与环境的关系，幼儿园教育环境的特点如下。

1. 教育性

幼儿园作为专门性的学前教育机构，其环境创设与非教育机构及其他阶段的教育机构有着明显的差异。《幼儿园工作规程》中提出"创设与教育相适应的良好环境，为幼儿提供活动和表现能力的机会与条件。"《幼儿园教育指导纲要（试行）》中也明确提出："环境是重要的教育资源，应通过环境的创设和利用，有效地促进幼儿的发展。"幼儿园在环境创设过程中需要根据幼儿园教育目标及幼儿发展的身心特点，有计划、有组织、有目的地精心创设，在创设过程中幼儿本身也是环境创设的重要参与者；环境创设本身是教育者实现自己教育目标的重要媒介和环节，环境中渗透着教育者的教育意图，幼儿在环境中能够实现自我发展的目的。在幼儿园中，环境创设不仅是美化的需要，更是教育者实现教育意图的重要中介。教育者把教育意图隐含在环境中，让环境去说话，让环境去引发幼儿的良好行为（图0-7、图0-8）。

图0-7　幼儿园科学室　　　　　　　　　　图0-8　新学期的创意海报

2. 可控性

与外界环境相比，幼儿园内的环境具有一定的可控性，即幼儿园的环境是由幼儿园内部的因素，如园长、教师和幼儿决定的，是处于教育者的"控制"下的。这里的"控制"并不是指幼儿园的环境创设由园长或者教师决定，而是指教师的"控制"可以更好地实现教育目标，促进幼儿的发展。幼儿园环境的可控性主要体现在：首先，在幼儿园物品的选择上要选择社会上的精神文化产品，各种幼儿用品在进入幼儿园前，必须经过精心筛选甄别，以有利于幼儿发展为选择标准；其次，教师根据教育目标及幼儿的身心发展特点，能够更好地建构出促进幼儿发展的环境，并使之始终保持在最适合幼儿发展的状态（图0-9）。市场上一些电子产品，不利于幼儿注意力的发展，教师应该对幼儿予以引导。

3. 童趣性

童趣是幼儿关注幼儿园教育环境的首要条件，是实现教育目标的基础。因此，创设者要了解幼儿的身心发展需要和审美特点，要理解幼儿的审美需要，主动寻求适合幼儿视觉感受的形象造型、色彩。

首先，幼儿园生活设施、教育教学和游戏设备等必须符合幼儿的身体发展特点，环境创设和材料提供应为幼儿所喜欢和接受，能够吸引幼儿的注意力，并能激发幼儿探究欲望。幼儿园教育环境中的各种设施和设备要满足幼儿的生理需要，反映幼儿的心理需求和真实感受，让身处其中的幼儿对周围的环境既熟悉又倍感亲切、有兴趣（图0-10）。

图0-9　幼儿园建构区

图0-10　幼儿园活动室

其次，在幼儿园的环境创设中，不管是建筑物、陈设、家具、运动娱乐器械等设施的造型，还是墙饰、景点的色彩等都要符合幼儿的审美情趣，要体现童趣性（图0-11、图0-12）。

图0-11　幼儿园走廊创设

图0-12　幼儿园门厅创设

4. 艺术性

幼儿园教育环境应具有突出的艺术性，保证幼儿在积极美好的环境中受到熏陶，从而激发幼儿去感受美、体验美、表现美和创造美。

环境作为隐性的教育语言，能够起到潜移默化地引导、规范作用，同时给幼儿带来丰富的艺术感受和审美愉悦。幼儿园中从室内到室外，从活动室到游戏场所，每一个空间、每一堵墙面、每一个活动区域、每一种操作材料、每一个图形符号、每一首乐曲、每一支舞蹈，从内容的典型化到形式的艺术化，都充分发挥着各自的审美功能与作用（图0-13、图0-14）；从每一位教师到工作人员，他们的每一句话、每一个动作、每一个眼神、每一次抚摸、每一次牵手，都展示着各自的专业能力和职业品质。从物质到精神，幼儿园教育环境无不体现保教人员的聪明才智、艺术修养和职业素养。毫无疑问，这一切不仅能促进幼儿的认知发展，更能引起审美主体——幼儿的审美愉悦，使幼儿得到美的熏陶。

图0-13　幼儿园挂饰　　　　　图0-14　幼儿园走廊创设

（四）幼儿园教育环境创设的意义

《幼儿园工作规程》指出：幼儿园要"创设与教育相适应的良好环境，为幼儿提供活动和表现能力的机会与条件""促进每个幼儿在不同水平上得到发展"。幼儿园教育环境创设绝不是简单的装饰，也不仅仅是硬件设备的堆砌，而是和教育相互依赖、相互包容、相互影响，两者是不可分割的共同体。因此，幼儿园教育环境对幼儿园的日常教育活动起着重要的作用。

幼儿园环境
创设的意义

1. 提供发展保障

幼儿要在幼儿园吃饭、睡觉、游戏等，只有具备相应功能的建筑、空间设备才能使幼儿感到安全、方便、舒适和愉悦。游戏是幼儿园的基本活动形式，良好的游戏环境有利于游戏活动的开展。比如，有的幼儿园重视知识的传授，户外环境空荡荡，没有游戏材料，幼儿不愿意在户外进行游戏活动；若幼儿园户外环境划分了不同的游戏区域，提供了丰富的活动材料和游戏设备，幼儿便乐于开展游戏活动。室内环境也是如此，若只有桌椅和书本，而没有丰富多彩的背景环境、游戏材料，幼儿的游戏活动如何开展？同时，游戏环境的规划也是幼儿基本活动——游戏开展的保障（图0-15、图0-16）。

图 0-15　幼儿园户外游戏设备

图 0-16　幼儿园室内区域环境

2. 促进身心健康和认知发展

宽敞的空间、齐全的设备器具可以使幼儿肌体得到锻炼；整洁、优美的环境会给幼儿美的享受；具有探索性的环境可满足幼儿的好奇心，激发幼儿的探索热情，培养幼儿的探索能力；文明有序的集体活动环境有利于培养幼儿的适应能力和秩序感；融洽和谐的人际关系可使幼儿感到宽松、自由、被尊重、被接纳，从而乐观自信（图 0-17、图 0-18）。

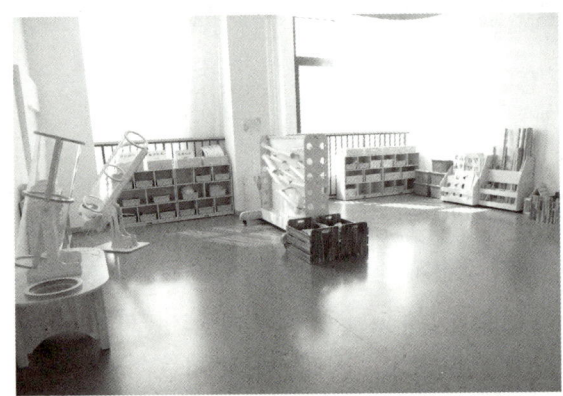

图 0-17　宽敞的空间

图 0-18　和谐的人际关系

瑞士心理学家皮亚杰认为，儿童认知发展需要在其与环境的交互作用中获得，儿童必须通过自身的活动去发现、认识客观世界，不断构建、完善自己的认知模式。成人习以为常的环境在幼儿看来是多姿多彩的，有着不可抗拒的吸引力。他们会用眼睛、鼻子、耳朵、嘴巴、手等去认识、体验、感触所处的客观世界，学习并积累相关经验。

3. 激发创造潜能

幼儿不是环境创设的消极旁观者和享用者，而是环境创设的积极参与者和互动者。在环境创设的过程中，幼儿会参与设计构思、材料收集、动手制作和布置的全过程，这会激发幼儿自我发展的主人翁意识。在与环境交互作用的过程中，幼儿会根据自己的需要自由选择环境，探索环境，其积极性、主动性和创造性可以得到释放和发挥（图0-19~图0-21）。

图0-19　区域环境

图0-20　幼儿画沙画

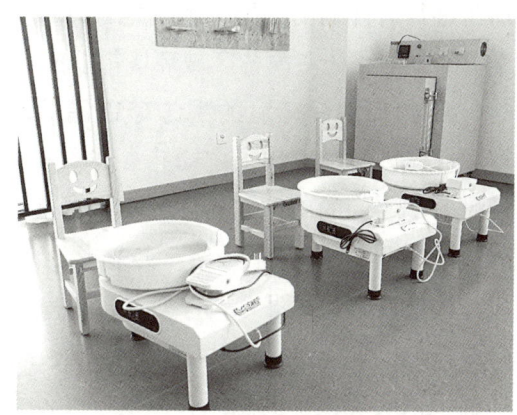

图0-21　操作区设备（幼儿园陶艺制作设备——拉坯机）

（五）幼儿园教育环境创设中存在的问题

目前幼儿园教育环境创设存在的问题主要表现在如下方面。

1. 室内环境布置的目标偏离

幼儿园环境
创设现状

在室内环境的布置上，教师通常根据个人的方便与喜好进行独立规划和设计，使环境布置的目标常常比较模糊，缺乏统一规划和整体的课程资源观念，也就容易导致以下问题的出现。首先，环境创设的目的重装饰轻实用。环境创设追求的是教师和家长视野中的丰富和童趣，而没有深入探究其背后对于幼儿的教育价值和意义。其次，环境创设的目标存在功利性，缺乏标准和规范。一方面，教师出于自己工作方便的目的，对室内环境区域的设置、物品的摆放等具有较大的随意性；另一方面，教师没有结合主题教学有目的、有计划和循序渐进地投放和利用材料，教学教具的使用率不高，目标性不强，区角中的教具大多成了应付参观与检查的摆设，很少与幼儿发生真正的互动。最后，环境创设中对废旧物品的利用少，而对成品材料的利用比较多。装饰材料常用的有吹塑纸、画纸、卡纸、包装纸等。这些材料大面积、大范围地使用于墙饰中。一些常见的废旧纸盒只是作为点缀。这种装饰性的"因废旧而利用"偏离了"因利用而选择废旧"的要求，错失了培养幼儿从小养成环保、节约意识的教育良机。

2. 室内环境布置的内容不系统

室内环境内容的组织和呈现缺乏系统的内在联系，未能突出一定的教育意图。有些班级室内环境布置明显地呈现出"责任田式"的特征，即依据不同的教育主题对室内空间进行"责任田式"的、界线分明的划分，各个区域与主题环境之间缺乏系统、整合的联系，不仅各个区域的教学目标不明显，而且整个环境创设的主题目标不突出。而要让环境与幼儿真正地进行对话，教师就需要在环境创设时尽量把每一个细节都能与课程的主题和目标紧密地结合起来，根据每一个阶段的主题目标对幼儿进行有计划的指导，适当地增加或减少材料和设备，准确预测出该环境对幼儿学习的影响，让室内各区域环境都能配合主题活动，真正发挥区域环境的教育功能。

3. 教师创设环境的观念存在偏差

首先，教师混淆了"幼儿参与"和"师幼合作"的区别。一些幼儿园在环境创设时，从主题的确定到具体的布置，几乎由教师一手包办，教师既是设计者、指挥者、策划者，也是组织者、实施者，而极少发动和利用集体的智慧与力量共同完成。即使有时候幼儿参与了环境布置，环境规划还是以教师为主，幼儿为辅；由教师设计，幼儿点缀。形式上以幼儿为主，但在实施中却是在教师的引导下，借助幼儿的手来实现教师的意图，因此即使幼儿有所参与，也只是一种局部、被动和表面的参与。其次，教师混淆了"家长参与"和"家园合作"的区别。目前家长参与幼儿园教育环境创设越来越普遍，如有的教师在特定节日请家长与幼儿自制装饰物装点教室以渲染节日气氛，或者请家长一起布置活动室。但通常家长的参与是有限的，许多家长并不真正明白环境布置的真正教育意图，家长的想法和意见也就无法真正地与教育主题相契合。最后，教师混淆了幼儿园环境的"杂乱"和"丰富"、"整洁"和"有序"之间的区别。很多教师在进行班级环境设置时，一个极端是把所有与幼儿有关或幼儿喜爱的物品都堆砌在墙上或各个区域中，以此来显示环境的"丰富"，实际上却造成了环境的杂乱。另外一个极端是有的班级却意外的"整洁"，墙饰工工整整、方方正正，室内各区域没有相对独立的空间，站在门口就可以把室内的环境布置"一览无遗"。这样"整洁"的环境会使幼儿失去探索和创造的兴趣。整洁不是有序，有序是指要根据环境的暗示和导向作用创设环境。比如，阅读区的进区规则承载着阅读区中图书摆放的要求，并时刻提醒和帮助能力有限的幼儿将看过的图书放回原位，且摆放整齐。幼儿在这样的环境中能逐步养成有序摆放图书的良好习惯。

二、幼儿园教育环境创设的理论基础

（一）幼儿园教育环境创设的教育学基础

幼儿园环境创设的教育学基础

中外很多教育家及其相关教育学论著对教育环境进行了比较全面的论述。批判性地借鉴这些思想、观点，对于优化幼儿园教育环境，提高教育质量，具有重大的现实意义。

我国伟大教育家孔子说"性相近也，习相远也"，指出人的天赋素质并没有什么差别，人之所以成为不同的人，乃是后天的环境影响造成的。墨子提出，"染于苍则苍，染于黄则黄。所入者变，其色亦变"，以染丝为例，说明环境影响的重要性。同时也指出"士亦有染"。荀子用"积"和"渐"，形容人的贤与不肖不是由于材性的差异，而是由于所处环境的不同。

１. 陈鹤琴"活教育"的环境观

陈鹤琴是我国现代幼儿教育的先驱者和奠基人，一生致力于幼儿教育研究与教学。他是我国第一个运用近代科学方法研究儿童心理、进行教育实验的教育家。他建立并完善着中国化、科学化的儿童教育理论体系，构建了现代中国儿童教育新结构，被誉为"中国幼教之父"。他指出教育工作者要注意发挥孩子的创造力，可从五方面着手，即解放小孩子的头脑、解放小孩子的双手、解放小孩子的嘴、解放小孩子的空间及解放小孩子的时间。陈鹤琴在幼儿教育方面总结出丰富的经验和观点，而其中影响最大的是他的"活教育思想"，这是由我国学者提出的第一套系统的教育理论和方法体系。

什么是"活教育"？陈鹤琴为了将当时的死教育变为前进的、主动的、有生气的活教育，提出了要使教师"教活书、活教书、教书活"，使儿童"读活书、活读书、读书活"的教育主张，并把这一教育主张定义为"活教育"。陈鹤琴"活教育"理论的内涵主要体现在"三大纲领"（目的论、课程论、方法论）和"两大原则"（教学原则、训育原则）中，其核心是要让儿童从"做"中获得身心全面发展。陈鹤琴关于幼稚园环境创设的思想就是其中的一部分，同样也体现了"中国化""科学化"的特色。

（1）关于幼稚园坏境的布置

陈鹤琴先生关于幼稚园环境布置有着丰富的论述，他提出要为幼儿创设一个审美的环境和科学的环境。关于审美的环境，他认为"爱美是儿童的天性，透过天性可以培养儿童的情感，陶冶儿童的性情"，应提倡在室外尽可能开辟草场、花园、菜圃，栽培鲜艳的花卉和蔬菜、绿荫浓郁的树木；在室内布置一些富有教育意义的挂图、画片、故事画等，让儿童在这美丽的环境中舒畅身心、受到良好的审美教育。科学的环境是指尽可能带领幼儿栽培植物、布置庭院，从事浇水、锄草、收获种子，并饲养动物等工作，通过儿童的双手和感官，不断理解自然界与自然现象之间的关系，通过实践获得真知，并不断提高自己的认识能力。

（2）以"儿童的环境"为中心的课程观

陈鹤琴认为，幼稚园的课程应以"儿童的环境"（包括自然环境和社会环境）为中心。他在《我们的主张》一文中指出："我们应当把幼稚园的课程打成一片，成为有系统的组织。但是这种有系统的东西应当以什么为中心呢？这当然要根据儿童的环境。那么，儿童的环境包括什么呢？儿童的环境不外乎两种：自然的环境和社会的环境。自然的环境就是各种动植物的现象；社会的环境就是个人、家庭、集体等人类的交往。"由于这两种环境是儿童天天要接触的，所以我们应当利用这两种环境作为幼稚园课程的中心。总之，大自然、大社会是我们的活教材，我们应当注意环境、利用环境。陈鹤琴认为，"所有的课程都要从人生实际生活与经验里选出来"，切合人生的课程内容应是"儿童的一饮一食，一草一木的接触，灿烂的玩具用品"。当课程内容取材于儿童的生活经验时，儿童将产生极大的兴趣和热情，会更积极主动地运用其心智去探索、发现和尝试，去寻求对自己所熟悉的世界的更深刻理解。源自儿童真实生活的课程不是以获取新异的、可资炫耀的知识为目标的，它能够充分揭示儿童日常生活的意义。这种源自生活的课程内容观，能够尊重儿童的特点、兴趣、爱好、动机，是建立在儿童真正需要的基础上的，真正体现了儿童在学习活动中的主体地位和课程内容选择的适宜性原则。

（3）关于幼稚园环境创设的原则

陈鹤琴明确指出：通过思想和双手所布置的环境可使儿童对环境中的事物更加认识，也更加爱护。因此，让儿童参与创设环境，就使他们的主动性、积极性得到充分发挥，创设环境的过程就成了教育过程。"儿童的兴趣是由于环境的刺激而产生的"，儿童所处的环境包括儿童周围的人和物对儿童的影响。幼稚园环境创设还要强调"变"，要求有时间性、季节性，"要根据自然现象和社会情况"变化，使幼稚园的环境和自然、社会的大环境相配合，使之更贴近幼儿的生活经验，并以经常变化的新异环境引起儿童的兴趣。另外，环境的创设还要考虑儿童的特点。教师必须清楚，环境是为儿童创设的，儿童是环境的主人，是环境的使用者。因此，环境创设应以儿童为基准，如挂图、照片和墙饰等的悬挂要与儿童的视线齐平。

陈鹤琴先生关于幼稚园环境创设的思想是他留给我们的一份宝贵"遗产"，是我们继续前进的"基石"，至今仍然充满着生命活力，对于我国当前的幼儿教育，特别是幼儿园环境创设仍具有借鉴和指导意义。

2. 张雪门的环境观

张雪门是中国现代幼儿教育史上有着重要影响的教育家，与陈鹤琴并称为"南陈北张"。张雪门一生潜心研究幼儿教育，是我国20世纪二三十年代幼儿教育中国化、本土化、科学化的探索者。他在半个多世纪的躬身实践中，提出的幼稚园教育理念、幼师专业课程体系、行为课程理论、幼稚园科学教育等思想具有重要的学术价值和现实意义。

（1）儿童身心发展与社会环境相统一

张雪门指出，儿童的身体和心理发育都与环境息息相关，而儿童的身体和心理都无法独立地发展，依赖于周围的环境。儿童成长受自然环境的影响，同时也受到社会环境的影响。

（2）幼稚园教学法

张雪门认为幼稚园应做到做学教合一，采取以"儿童为本位"的单元教学的方法。他认为，"幼稚的教育，应当以孩子为中心。"也就是说，要从儿童的需求和爱好入手，给予他们实践和思考的空间。

（3）幼稚园的行为课程理论

张雪门认为："生活就是教育，五六岁的孩子们在幼稚园生活的实践，就是行为课程。"生活和实际行为是行为课程的两大要素。他主张在进行幼稚园课程时，给儿童自由发展的空间，让儿童通过亲身实践去获得经验，且因经验的不断改造，又不断改变环境和自己。从行动中获得的知识，才是真实的知识；在行动中所遇到的困难，才是真实的问题；从行动中获得的胜利，才是真实的驾驭环境的能力。张雪门强调行为课程应注意儿童的实际行为，凡是能让儿童亲自去实践的都让儿童去实践，如扫地、擦桌子、饲养动物、认识植物等。

3. 蒙台梭利教育的环境观

儿童教育家蒙台梭利女士对儿童之家的长期观察和实验表明：幼儿的行为模式与其成长或受教的生态环境有着密切的关系。在教育上，环境所扮演的角色相当重要，因为幼儿从环境中汲取所有的东西，并将其融入自己的生命中。

（1）"适宜的环境"——生命成长的加速器

适宜的环境充满丰富的刺激，能够引起幼儿强烈的活动兴趣，激发幼儿探索的主动性和积极性。只有当幼儿自身的活动与环境相互作用时，环境的作用才能内化于幼儿的心灵，真正促进幼儿心理的发展。简而言之，蒙台梭利提倡的"适宜的环境"最终落脚点是促进幼儿的发展。

（2）"有准备的环境"——幼儿面对未来的砝码

有准备的环境是为了让精神处于胚胎状态的幼儿能够顺利成长，6岁以下的幼儿智力水平、身体动作等各方面的发展还不完善，因此他们在活动时需要成人的协助。

如果幼儿一直处于依赖成人的状态，那么他们就不能发现并发展自己的能力，不能支配自己的生活，更不能教育自己，锻炼自己。因此，蒙台梭利提出要为幼儿创设有准备的环境，目的是使幼儿在将来能够适应成人的生活。

4. 瑞吉欧教育的环境观

瑞吉欧教育是意大利学前教育史上继蒙台梭利教育之后又一重要的幼儿教育模式，对意大利乃至世界各地学前教育的发展产生了深远的影响。

（1）环境是"第三位老师"

在瑞吉欧的教育价值取向中，环境是教育的一个重要因素，被认为是"第三位老师"，与教师一样重要。环境中包含着教育的内容，也包含着丰富的教育信息和资源，对幼儿的学习起着激发和促进作用。当环境具有"教育"意义时，环境就不再是单纯的、没有生命的物体，而是一种被赋予了教育使命的力量。

（2）环境是最好的"记录"方式之一

正如马拉古奇所说："我们的学前教育墙壁会说话，它有记录的作用，利用墙壁的空间暂时或永久地展示幼儿及成人的生活。"环境记录对教师、幼儿和家长都有很大的益处。环境记录能够促进教师的成长，它犹如一面镜子再现教师的想法，促进教师自我反省，增加教师之间的经验分享。环境记录能够让幼儿知道成人重视他们，使幼儿更热情地投入学习中并珍惜自己的劳动成果，同时，它为幼儿提供了重视检视、反省和解释的机会，有助于幼儿知识的自我整合和集体建构。环境记录还是家长了解幼儿的重要途径，它不仅可以使家长了解幼儿的作品，还可以让家长了解幼儿学习的过程，同时，他还为家长提供了探讨幼儿教育的素材，进而协助家长进行角色定位。

（3）环境是幼儿的"家"

瑞吉欧的教育工作者用其环境创设的理念和实践说明，幼儿园应该像一个"家"。家庭般舒适、温暖、愉悦的环境，有助于心理和生理尚处于幼稚水平的幼儿获得幸福感和安全感，有助于他们在团体中学会与他人交往，有助于他们建构性学习的顺利进行。

5. 华德福教育的环境观

鲁道夫·施泰纳说："我们的一切经验均与大我——宇宙息息相关，正如我们在宇宙周而复始的运动中认识自身，宇宙也透过我们的活动展现其力量。当身为人类的我们反映出这股力量时，我们就能了解人类其实是宇宙力量的体现。"华德福教育认为，教育既要关注物体本身，也要关注精神世界，成人在儿童成长的环境中起重要作用，幼儿的精神世界与外部环境紧密相连。如果环境杂乱，幼儿的精神世界也会混乱不堪。因此环境要能浸润幼儿的心灵，幼儿园要为幼儿创设有生命感觉的、美好的自然环境，让幼儿能够在这样的环境中自由自在地成长，让幼儿能因感受自然而感动，从而培养幼儿的审美能力，促进幼儿的情感发展。

（二）幼儿园教育环境创设的心理学基础

幼儿园环境
创设的心理
学基础

幼儿的成长离不开环境。环境对幼儿发展的影响极其深远。科学地营造幼儿园教育环境有利于发挥环境的价值，对幼儿进行生动、形象、直观和综合性教育。教师要想科学地营造幼儿园教育环境，达到良好的教育效果，必须懂得心理学知识及其与环境创设之间的关系。

1. 机能主义心理学的环境观

机能主义的早期代表人物詹姆斯，强调心理生活在适应环境中的作用，认为意识的主要机能是帮助个体实现生存的愿望。认为教育的任务在于培养好习惯，预防坏习惯。环境对心理活动起到模塑的作用，人的神经系统具有可塑性，可以被生活经验所改造，人的大多数习惯是在早期的生活过程中形成的，因而从早期教育开始就需要注重对幼儿行为习惯的培养，成人则需要提供良好的环境。机能主义的另一位代表人物是杜威，他不但充分重视主体作用，也非常重视主体活动的外部环境。在他看来，社会生活对人的影响繁杂混乱，学校应该成为一个典型的、纯净的、理想的社会环境，以便让儿童在这样的环境中受到好的影响。所以，教师要把儿童学习的环境变成活动的乐园，引导儿童积极主动地投入活动，从活动中自觉地获得知识，实现生活、生长和经验的改造。

2. 认知心理学的环境观

20世纪中叶，以皮亚杰为代表的皮亚杰学派以研究儿童认知发展为主要内容，形成了一套完整的认知发展的科学体系，引起了心理学界的广泛关注。皮亚杰从认知心理的角度提出影响儿童认知发展的因素主要是成熟、物理环境、社会环境及平衡化四个因素，其中物理环境的经验和社会环境的作用是发展的经典性因素。个体的经验是与外界物理环境和社会环境的接触而获得的知识，离开了环境的影响，个体无从获得经验，因而也就无从发展。他认为儿童发展的每一个阶段都是由儿童的成熟和环境的相互作用产生的。儿童就是通过各种有组织的活动，去探索、了解外界的客观事物，了解客观事物之间的关系。

3. 行为主义心理学的环境观

行为主义心理学更加强调环境对幼儿的影响和作用。斯金纳是新行为主义的代表人物，他认为人的心理是后天环境影响的结果，这种影响就是学习。造就人格靠创设特定的成长环境来完成，并因此提出了一系列关于强化与控制幼儿行为的原理，从而据此更充分地利用环境来塑造人的行为习惯与态度。在指导幼儿学习时，除了重视个人的能力发展及情绪反应、认知过程外，还应注重创设良好的环境。

4. 精神分析心理学的环境观

弗洛伊德强调幼年生活经验和教育对儿童心理发展和人格发展的重大意义。强调幼儿所处的心理社会环境对个体发展的影响，肯定幼年时期生存环境的和谐、丰富对形成健康人格的重要作用。教师要创设良好的教育环境，包括物质环境和精神环境，发展幼儿多种能力，尤其是培养幼儿的创造力。教师要注重幼儿情感培养，鼓励幼儿发挥想象，并提供自由开放的教育环境，让幼儿在良好、和谐、充满爱的环境中，获得充分地、全面地发展，为其一生奠定良好的发展基础。

环境在个体的身心发展中具有重要的意义和地位。心理学家们从关注环境的影响作用，到强调主客观互动的价值，不仅为我们创设幼儿园教育环境提供了重要的理论依据，更为我们的实践活动指明了方向和切入点。

（三）幼儿园教育环境创设的生态学基础

生态学是研究人类行为与其生存环境间相互影响、相互作用的学科，是关于人、环境与发展要素间多向交叉关系的研究。我国对环境，生态和与自然意境的追求，承袭了传统的天人合一、人与自然和谐共处的理念。

幼儿园环境创设的生态学基础

幼儿园教育环境创设的出发点和具体内容，要基于幼儿园所处的生态环境，为幼儿的成长创造机会，体现生态中人类行为与环境作用对幼儿发展的意义和作用，并付诸实践（图0-22）。

图0-22　生态环境

l. 幼儿园生态环境创设的意义

（1）向幼儿传授基本的生态环境知识

帮助幼儿获得人类与环境、动植物与环境的基本知识，如人对自然的依赖性，幼儿不可能离开家、朋友而独立生活，以及生态平衡等。

（2）培养幼儿正确对待周围环境的意识

引导幼儿关注环境问题，了解人与环境的相互制约性。比如，水是人类生命的源泉。小朋友喝水、洗手都离不开它。当今，水资源的匮乏已经成为全球危机，节约用水的生态环境意识必须从小培养，并扎根在幼儿心中。

（3）培养幼儿爱护生态环境的行为习惯

幼儿园生态环境的创设，不仅要使幼儿萌发热爱、珍重自然的美好情感，同时还要培养幼儿形成爱护生态环境的行为习惯。幼儿通过在真实的自然环境中发现、探索和学习，学会欣赏自然环境的绚丽多姿，养成爱护树木、保护植被等良好的品德行为。例如，活动角"认识绿色朋友"，有利于幼儿认识植物的生长过程。教师可通过让幼儿观察各种植物不同的特征和生长规律，培养幼儿爱护植物的良好行为。此外，活动还有利于发展幼儿亲近自然、爱护自然的美好情感（图0-23）。

图0-23　植物角

2. 幼儿园生态环境的分类

幼儿生态环境教育应使幼儿在自然、社会、心理三个方面达到和谐统一。幼儿园生态环境包括自然生态环境、社会生态环境和心理生态环境三类。

（1）幼儿园自然生态环境

幼儿园自然生态环境是指存在于幼儿周围的对幼儿的生存和发展产生直接或间接影响的各种天然形成的物质和能量的总体，是自然界中的生物群体和空间环境共同组成的具有一定结构和功能的综合体，在一定空间和时间范围内依靠生物及其环境本身的自我调节来维持相对的稳定。典型的幼儿园自然生态环境有幼儿园的绿植、水资源等。

幼儿园可通过合理的规划与建设，精心营造具有浓郁生态气息的室内外环境，使园内的环境自然化、生态化、动态化，使幼儿积累丰富的学习、生活体验，使幼儿的学习、生活回归自然。例如，开辟走入式草坪、种植地，设立动物饲养角，建设各班静态与动态自然角等。在自然角放置瓜果蔬菜，一方面可以让幼儿了解瓜果蔬菜的外形特征；另一方面还可以把水果蔬菜做成各种娃娃和水果玩具，如萝卜船、黄瓜秋千、土豆刺猬等，使材料增添新鲜感，增强幼儿的动手能力，丰富幼儿的认识（图0-24）。自然角的环境创设还可以结合季节的变化及幼儿的观察兴趣及时更新，激发幼儿对自然的热爱，对周围世界的关注及探索兴趣。通过自然生态环境的创设，营造自然、和谐的环境氛围，这样的氛围能给幼儿带来快乐，并培养他们的爱心、陶冶他们的情操（图0-25）。

图0-24 自然角

图0-25 自然生态环境

（2）幼儿园社会生态环境

社会是一个生态系统，社会的各单元或组成部分也就是一个个子生态系统。要使社会生态系统及其各子生态系统保持平衡稳定的发展状态，就要注意这些生态系统所处的环境。幼儿园教育环境创设的出发点和具体内容，要基于幼儿园所处的生态环境，体会生态中的人类行为与环境对幼儿发展的意义和作用，并付诸实践，为幼儿的生态型成长创造机会。幼儿园利用周边的生态环境正是对自身所处生态环境的亲近和尊重，如教师引导幼儿观察动植物、关照养护动植物，就是有效利用生态环境支持幼儿的发展。

幼儿园社会生态环境创设在目标制定时不仅要关注幼儿知识的获得、技能的形成，而且要关注幼儿身体、情感、社会性、艺术审美等方面的发展。幼儿园社会生态环境要从幼儿生活经验出发，给予幼儿粗浅而非精深的知识，对于幼儿不易理解的概念不要强行灌输。如在社会领域的环境创设中要突出爱心，在引导幼儿认识周围环境过程中注重爱祖国、爱集体、爱同伴、爱老师的教育，让幼儿从小学会关心、学会帮助、学会礼貌、学会同情。在科学领域的环境创设中，把美丽多姿、变幻无穷、和谐天成、充满生命活力的大自然作为重要的教育资源，使幼儿从小热爱大自然、亲近大自然、探索大自然，与大自然和谐共处，爱护共同的家园。在艺术领域的环境创设中突出美的体验，通过艺术欣赏和创作的相互融合和渗透，提高幼儿的审美感受能力和艺术创造能力（图0-26）。在健康领域的环境创设中突出身心和谐，不仅重视幼儿体育，而且重视幼儿安全、营养方面的保健教育，既重视日常生活中有碍健康的突发事件的补救处理，又重视开展具有前瞻性和

图0-26 植物角

系统性的健康教育；既重视通过健康活动教给幼儿健康知识，又重视通过与幼儿生活密切相关的随机教育及时培养幼儿的健康行为习惯。

（3）幼儿园心理生态环境

幼儿园心理生态环境是指幼儿可感可触的活动空间、亲切温和的交往空间、舒适温馨的生活空间等各种对幼儿心理产生实际影响的环境。在幼儿园心理生态环境创设的过程中，教师要多运用正面积极的语言及教育方式，寓教于乐（图0-27、图0-28）。

图0-27　和谐融洽的心理环境

图0-28　舒适的生活空间

（四）幼儿园教育环境创设的审美理论

1. 幼儿园审美心理发展

幼儿借助形状、颜色、声音来认识世界，幼儿认识所表现出的外观性、直觉性、形象性特点与幼儿园教育环境的造型性、空间性、可视性、物质性等审美特征，具有内在的必然联系，两者的表现形式让幼儿在认知、情感、愉悦、操作等方面获得了极大的心理、生理满足。活动中的幼儿又以其特有的方式给教育环境着上了欢愉、嬉戏、自由、装扮、创造、想象、游戏等浓郁的色彩。从这个意义上讲，感受、触摸、观察、操作、动作既是幼儿认识客观世界的基本方式，也是幼儿审美活动的基本背景（图0-29、图0-30）。

幼儿园环境创设的审美理论

图0-29　美术区

图0-30　幼儿园墙面创设

2. 幼儿园教育环境创设中的审美因素

（1）色彩

色彩在幼儿园教育环境创设中起着营造整体氛围的决定性作用。对色彩的灵活运用需要具有较高的艺术敏感性和大胆的想象力。在环境创设过程中，教师可根据不同的年龄班、楼层、区角等设置不同的色彩，或清新雅致，或明亮单纯，因地制宜，使其既统一，又富于变化；既符合幼儿的认知需求，又为幼儿创设出温馨、舒适、特色鲜明的成长环境。

幼儿一般喜欢明快的色彩，因而在幼儿园教育环境创设时应该以明快的色调为主，但切忌使用大面积的大红、大绿等饱和度较高的色彩，以免对幼儿的视觉造成刺激，时间长了容易使幼儿产生烦躁的感觉。一般来说，幼儿喜欢鲜艳的色彩，但如果不分主次，简单地把幼儿的生活、运动空间装扮得五彩缤纷、色彩混乱，就容易使幼儿焦躁，注意力分散，难以辨别物体的真实大小和距离。色彩的搭配要有灵活性，不同尺度空间的色彩设计要考虑空间的形式、结构、面积等因素。合理的色彩搭配可以弥补空间的不足，达到视觉舒适的效果（图0-31、图0-32）。

彩图0-31　　**图0-31　幼儿园建筑外墙的色彩应用**

（2）材料

材料是幼儿园教育环境创设的物质基础。幼儿园教育环境创设作品的价值不仅体现在造型的艺术性、功能的装饰性和实用性、构成结构的科学性上，还体现在材料的开发和工艺水平的高低上。材料不仅制约着环境创设作品的结构形式、尺寸大小，还决定着装饰效果。科学、合理地选用制作材料是幼儿园教育环境创设中极为重要的环节。

在积极倡导环保教育的今天，幼儿园要开发和利用身边的物品进行环境创设。所谓"身边的物品"，即周围环境、日常生活中常见的物品。废旧材料已成为幼儿园教育环境创设的重要资源（图0-32）。在环境创设中，要根据区域特点就地取材。材料的选用方式有三种，即"因形施材""因材施艺"和"因意施材"。"因形施材"就是先从环境的具体形态入手，选择相应的材料与表现手法。"因材施艺"就是从材料入手，在材料的性质特征上寻找与构思相符之处来表达意图，然后确定设计制作方案。这种创作途径的特点能够充分发挥材料的特性，但是需要平时多注意观察，多收集各种制作材料，了解和熟悉材料的属性。"因意施材"是指先做出设计方案，再按照方案中的要求物色相应的材料进行制作与布置。

图 0-32　废旧材料利用

（3）形式

幼儿园教育环境创设在不同环境空间中的表现形式非常丰富，表现作品有平面的、立体的，有绘制的、手工制作的，有张贴的、悬挂的、摆放的……不同的表现形式能带给幼儿不同的审美体验。设计形式的丰富性能够扩展幼儿的感知视野，在带给幼儿不同的视觉刺激的同时，激发幼儿对美的表达能力和创造能力，为幼儿形象思维的发展奠定坚实的基础（图 0-33、图 0-34）。

图 0-33　幼儿园大厅轮船造型

图 0-34　活动室的城墙造型

美是赏心悦目的，但美不是唯一的。教师和幼儿都是"艺术家"，都在探索创设美的途径。在艺术化的环境创设中，要使教育目标在环境中得以体现，要使环境助益教育的开展，助益幼儿审美能力的提高。

三、幼儿园教育环境创设的原则和方法

（一）幼儿园教育环境创设的原则

在我国幼教事业高速发展的今天，重视幼儿园教育环境创设已成为幼教工作者的一致追求。幼儿园教育环境创设的原则是教师在创设幼儿园教育环境时应遵循的基本要求，这些原则贯穿于环境创设的各项工作之中，对环境创设的每一步都有指

幼儿园环境
创设的原则

导作用。在环境创设的过程中，只有认真贯彻这些原则，才能更好地发挥环境的教育价值。

1. 安全性原则

安全性原则主要是指幼儿园的园舍建筑、设施设备、活动场地、玩具等有形的物质条件和制度、文化、人际、氛围等隐形的精神条件必须要符合国家颁布的卫生标准、安全标准和幼儿园教师专业标准，对幼儿的身体或心理没有安全隐患。安全性原则是幼儿园教育环境创设的首要原则。

创设幼儿园环境时，教师必须顾及两方面的安全。

一是物质环境的安全，物质环境的安全是保障幼儿人身安全的基础。如给幼儿提供的材料应不易破碎，无锐边利角；幼儿园的桌椅都是圆角的，可防止幼儿磕伤等（图0-35）。二是精神环境的安全，是保证幼儿获得心理安全的重要条件，要让幼儿真切地感受到教师对他的理解、关心和爱护（图0-36）。

图0-35 幼儿园的物质环境

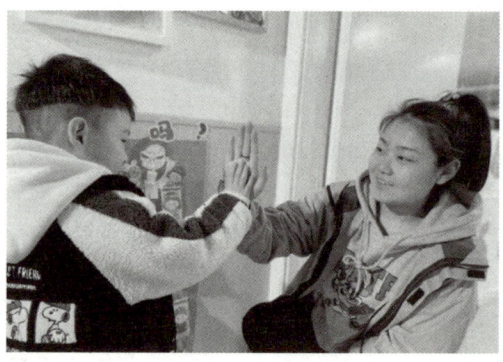

图0-36 师幼互动

2. 环境与教育目标一致性原则

幼儿园教育环境的创设要体现环境的教育性，即环境创设的目标要符合幼儿全面发展的需要，与幼儿园教育目标相一致。幼儿园教育环境必须强调目标意识，要有利于幼儿德智体美劳诸方面的全面发展，因此，创设幼儿园教育环境时，目标是依据，应把教育目标落实到月计划、周计划、日计划及每一项具体的活动中。例如，幼儿园某月的主题活动是抗击疫情，整个环境的布置就应由如何抗疫，以及与幼儿有关的健康教育等构成（图0-37）。

图0-37 疫情防护宣传栏

3. 发展适宜性原则

幼儿园教育环境创设要符合幼儿的年龄特点及身心健康发展的需要，促进幼儿全面、和谐地发展。不同年龄幼儿身心发展的差异是非常明显的，其所需要的环境也不尽相同。因此，教师要根据幼儿不同的年龄特点为其提供适宜的发展环境（图0-38、图0-39）。

图0-38 小班操作区

图0-39 大班操作区

4. 参与性原则

幼儿园教育环境创设是幼儿与教师共同合作、共同参与的过程。环境创设的过程应该是一个积极的教育过程。引导幼儿积极参与环境创设，有助于培养幼儿的主动性、责任感和合作精神（图0-40、图0-41）。

图0-40 幼儿参与环境创设

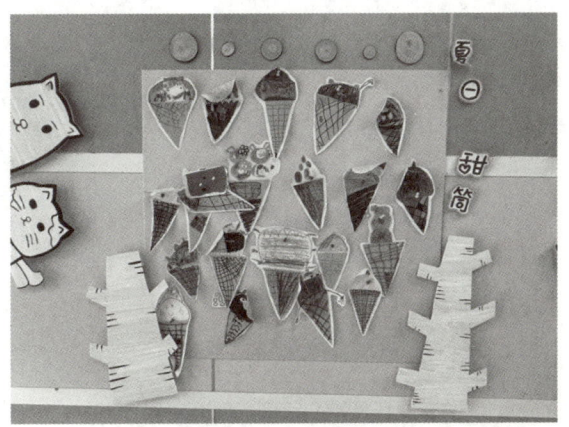

图0-41 幼儿参与创设的环境

5. 开放性原则

开放性原则是指创设幼儿园教育环境时应将幼儿园内部环境和外部大环境有机结合起来，形成一个开放的幼儿教育系统。幼儿园通过积极争取与家庭、社区的协力合作，有效利用外部环境中富有教育价值的积极因素，培养适合新时代要求的幼儿。幼儿园在充分开发和利用内部环境资源的同时，会突破自身的局限，不断向外拓展，整合并利用家庭和社区的教育资源，丰富和深化环境中的教育信息，开展丰

图0-42　家长参与轮胎的绘制

富多彩、扎实有效的社会实践活动和家园合作活动，从而拓宽、延伸幼儿的视野，树立积极的学习态度。例如，邀请擅长手工制作的家长到幼儿园参与环境创设（图0-42）。幼儿园还可与家庭和社区联合起来开展科学育儿活动，组织参观、演出、观摩、郊游等活动，如带领幼儿到附近的菜场、超市参观等，以增强幼儿园与家庭和社区的合作，提高家庭和社区对幼儿园工作的支持力度，共同提升幼儿教育质量。

6. 经济性原则

创设幼儿园教育环境应考虑幼儿园自身经济条件，做到因地制宜、就地取材、旧物利用、一物多用，不浪费资源，不盲目攀比。如用鸡蛋托盘制作的墙饰，用废旧纸盒制作的立体装饰，既贴近幼儿生活，又经济环保（图0-43、图0-44）。

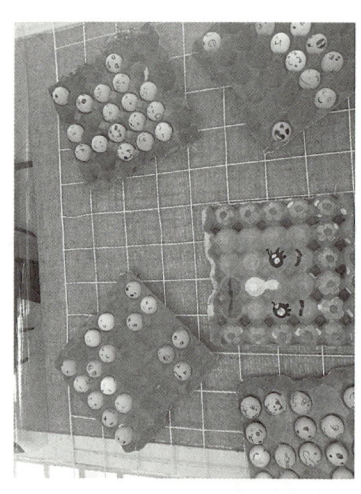

图0-43　用鸡蛋托盘制作的墙饰　　图0-44　用废旧纸盒制作的立体装饰

幼儿园环境创设的方法策略

（二）幼儿园教育环境创设的方法

幼儿园教育环境创设的方法，从实施的途径来看，有讨论法、探索法、操作法、评价法。

1. 讨论法

讨论法是指教师引导全班幼儿通过讨论，选择或确定环境创设的主题和内容，以及与环境材料互动的方法等。幼儿园教育环境创设的主题和内容往往是从一日生活中幼儿感兴趣的活动中生发出来的，例如，幼儿对教育活动中的某个主题活动特别感兴趣，教师就可以因势利导地引导幼儿对这一主题的内容进行讨论，派生出有关这一主题的墙饰、窗饰、门饰或者区域活动布置。

除了环境创设之外，环境交往也可以采用讨论法。当活动区域中投放了新的玩具、材料时，教师可以先让幼儿自己探索，有些较难操作的材料可以由教师先进行简单的示范。当幼儿自己操作发生困难的时候，教师引导幼儿对材料操作方法讨论不失为一种好办法，通过讨论，互相启发，共同找到解决问题的办法。

运用讨论法时要注意：在幼儿已具备感性经验的基础上进行讨论；讨论的问题要围绕环境主题，具体明确；讨论中要让幼儿敢于发表自己的看法并善于倾听同伴的回答。

2. 探索法

探索法就是让幼儿在环境中自己去发现问题，独立地解决问题，亲自获得知识，这种方法可以培养幼儿学习的内在动机，提高他们与环境和材料交往的积极性。幼儿园教育环境中隐藏了可供幼儿探索的无穷"秘密"。幼儿尝试用各种不同的方法，对墙饰、活动区域材料、游戏、活动设施设备进行探索，试图发现事物的变化。探索的方法是无穷无尽的，我们经常会听到幼儿这样说："还能用来干什么？""换种方法会怎样？"尝试的结果会使幼儿兴奋激动，因为事物的奥秘被发现了。

运用探索法要注意：创设的环境和提供的材料符合幼儿的发展水平；幼儿的独立探索应与教师的指导相结合，使幼儿探索不断深化；教师要指导幼儿发现所探索的问题与他们已有知识之间的联系，以提高幼儿探索的兴趣，树立他们解决问题的信心。

3. 操作法

操作法是教师指导幼儿动手操作，让幼儿掌握知识、形成技能技巧和养成习惯的基本方法。幼儿园教育环境中所提供的基本材料应当符合幼儿的操作水平和操作需要，能激发幼儿的操作兴趣。

操作法的运用依赖于操作材料。幼儿对环境中投放材料的操作是从来不马虎的。他们可以把各种材料看作是最美好的材料，要通过操作了解材料的性质，以此来实现自己的目的。于是，摸摸看看、敲敲打打、拆拆弄弄、粘粘贴贴、拼拼装装等各种作用于材料的方法都成了幼儿的操作行为。如生活在城市的幼儿对城市建筑观察较多，在建构区中喜欢用大小和形状不同的纸盒、积木等建构材料搭建楼房。有的幼儿甚至会想办法利用不同结构的材料建构花坛、路灯、雕塑、喷泉等城市景观，布置在楼宇之间，让环境优美的花园小区呈现在你的面前。

运用操作法要注意：鼓励幼儿动手；对操作提出不同的要求，哪怕是在原来操作的基础上稍稍提高点要求；允许幼儿操作错误，同时引导幼儿纠正操作错误；操作的方式要多样，避免简单机械地重复。

4. 评价法

幼儿园教育环境评价贯穿环境创设的整个过程。它不仅能了解幼儿发展状况，还能了解环境与幼儿行为的互相影响。同时，环境评价对教师的行为具有明显的导向作用，评价过程的信息反馈能强化教师的教育行为，从而更好地完善和优化环境创设。

运用评价法要注意：教师支持幼儿按照自己的想法主动探索材料、与环境交往；用启发性和互动性的方式引入新经验。

幼儿园教育环境创设从制作方法的角度来看，可以有绘画、手工和二者的综合运用。绘画主要有水粉画、油画、丙烯画、中国画等；手工主要有纸工、布工、泥工和其他废旧材料制作等；综合运用是绘画与手工的结合、幼儿作品运用等。

四、幼儿园教育环境与课程的关系

幼儿园环境
与课程的关
系

《幼儿园教育指导纲要（试行）》中指出：环境是重要的教育资源，应通过创设并有效地利用环境促进幼儿的发展；要充分利用社区的教育资源，引导幼儿适当参与社会生活，丰富生活经验，发展社会性。幼儿园课程及其组织实施均有赖于幼儿与环境的互动，幼儿园课程实施过程强调了学习者、教育环境和教育结果三个教育要素。对于幼儿的学习而言，教育效果的好坏往往取决于教育环境的优劣。可见，环境是幼儿园重要的教育资源，也是幼儿发展的重要条件，幼儿园教育环境与幼儿园课程及其组织实施相互依存、相辅相成。

（一）由环境资源生成课程

陈鹤琴先生提出："大自然、大社会都是活教材。"陕西凤翔有着丰富的本土文化教育资源，享有"工艺美术之乡"的美称，其丰富的环境资源为"可爱的家乡"主题活动提供了素材。幼儿园带领幼儿到当地民间工艺美术创作基地参观，孩子们进入工艺美术创作基地，看见一件件色彩亮丽、制作精美的泥塑作品，发出阵阵赞叹："老师，老虎头的色彩怎么这么红呢？""老虎的耳朵怎么和我在动物园见到的不一样呀？""老虎上面的色彩好漂亮！"……回来后，幼儿到处查找资料寻求答案，在教师的引导支持下用语言记录下自己参观的感想，用画笔画出泥塑的造型、色彩。幼儿园在美术创意区角开展绘画或泥塑活动——在幼儿的观察、提问、寻找、收集、发现的过程中，逐渐生成了以"家乡的泥塑"为主题内容的生活课程（图0-45）。

图 0-45　挂虎

（二）以课程内容为依据创设环境

幼儿园的课程主题来自幼儿与环境的互动，生成于日常生活。当生活中某种事物或现象上升为幼儿的关注点或话题时，作为观察者、引导者和支持者的教师，可以与幼儿协商是否将这一热点或关注点发展为活动主题或活动方案，进而完成相关的环境创设。例如，大班"向大师学习绘画——点线面的想象"主题活动的环境创设就生发于幼儿的议论。

当幼儿看到西班牙超现实主义画家米罗的作品《倒立的人》（图 0-46）时，教师发现，幼儿对这一幅画很感兴趣，不停地问老师：这个孩子为什么会倒立？他旁边是站立的鸟吗？他们是在天空飞翔吗？教师根据大班幼儿的年龄特点，结合之前的绘画活动，以欣赏大师绘画为活动载体，以主题活动的形式探讨大师画作的特点，并通过幼儿的资料收集和操作活动等来完成主题环境创设，并激发幼儿艺术创作的兴趣（图 0-47、图 0-48）。

图 0-46　倒立的人（米罗）　　　　图 0-47　幼儿创作

图 0-48　点线面的想象

五、教师在幼儿园教育环境创设中的作用

教师在幼儿园教育环境创设中发挥着重要的作用，这主要表现在以下几个方面。

（一）准备环境

幼儿园环境
创设中教师
的作用

准备与教育相适宜的环境是教师的职责。教师在准备环境时要注意让环境蕴含目标。这就是说，教师要带着明确的目标来准备环境，精心地组织周围的人际因素和物质条件，让环境负载教育的信息，让环境去告诉幼儿该做什么。环境既要体现教育目标，又必须符合幼儿的需要和兴趣。尽可能让幼儿感到环境是由自己而不是教师决定的。实践证明，幼儿积极参与准备的环境，更受幼儿喜欢，更能引起幼儿的关注和投入。教师应当尽可能地提供机会，让幼儿发表意见，动脑动手。只要是幼儿能够理解和参与的，应当尽可能地将之巧妙地变成幼儿的"决定"。

（二）控制环境

教师控制环境的作用是指教师能利用环境来激发和保持幼儿的活动积极性，能帮助幼儿利用环境来发展自己。教师控制环境的作用，大致有以下几个环节：引导幼儿进入活动；帮助幼儿展开活动；指导幼儿解决纷争、困难或情绪问题；帮助幼儿结束活动。在各环节中，教师使用"直接"和"间接"的教育方式，通过灵活地变换角色，促进幼儿与环境中的人际因素和物质材料有效地相互作用。

（三）调整环境

环境不是凝固的、僵化的、一成不变的，它必须随着幼儿的兴趣、需要、能力的变化，以及教育目标、客观条件的变化而不断变化。经常调整环境，使它保持适合幼儿发展的理想状态，是教师的重要工作。教师要对环境与幼儿的相互作用保持高度的敏感，及时通过调整来保持环境的发展性、教育性。

总之，教师可通过准备环境、控制环境和调整环境来充分地发挥环境的教育作用。教师是环境的掌控者，环境中的物质材料、人际因素及它们与幼儿的关系和相互作用是由教师来调控的，幼儿在环境中的活动也是由教师直接或间接引导的，没有教师的主导作用，幼儿在环境中的发展将受到限制。

案例
分析

幼儿园环境创设的特点——以陕西省某市幼儿园为例

案例描述： 陕西省某市一所公办幼儿园，占地面积约 2 600 m^2，设有 10 个班，每班 26～30 名幼儿。幼儿园的户外活动场地宽敞，活动器械种类多样，充满童趣，科学与运动有机结合（图 0-49）。其中有锻炼力量与耐力的攀爬区（图 0-50）、钻爬区（图 0-51），锻炼平衡能力的吊环区（图 0-52），锻炼投掷能力的投掷区（图 0-53），以及涂鸦区（图 0-54）、种植区（图 0-55）。

图 0-49　幼儿园户外环境

图 0-50　攀爬区

图0-51 钻爬区

图0-52 吊环区

图0-53 投掷区

图0-54 涂鸦区

图0-55 种植区

　　班级教室里设置有盥洗室、卫生间、活动室（图0-56）。寝室和活动室共用场地。活动室根据班级幼儿的人数比例设置了建构区（图0-57）、娃娃家、手工制作区、阅读区（图0-58）、益智区等不同的活动区角。活动区域内投放的材料丰富多样，既有高结构材料，也有低结构材料。墙壁、天花板得到了充分利用，在传递教育信息的同时，发挥了划分区域的功能。

图0-56　活动室

图0-57　建构区

图0-58　阅读区

　　除班级活动室外，幼儿园还设置了公共活动室，如美工活动室（图0-59），陶艺、书法、国画、丙烯画等美术类活动都在美工活动室开展；多功能厅，承担多项大型活动，如故事大赛、绘本展、庆典、教师讲课比赛、家长讲座等各类活动。幼儿园的走廊、大厅等空间进行了精心地创设，发挥了教育功能，如将墙面作为幼儿手工绘画作品展示区，或在大厅设置展台专门展示幼儿作品；将墙面作为传统文化宣传区，介绍传统节日、民俗、不同地区的不同历史风貌等内容；在较宽的走廊摆放支架，展示幼儿的立体手工作品（图0-60）。

图0-59　美工活动室

图0-60　作品展示区

分析：

1. 重视户外活动区域的建设

"游戏是幼儿的生命"，对幼儿来说，游戏是最自由、快乐的活动。户外游戏活动能让幼儿彻底释放天性，因此受到越来越多的重视。幼儿园应保证幼儿每天户外活动两小时以上。总体来说，幼儿园遵循安全性、多样性、挑战性和创造性等原则积极开展户外活动区域的建设。

2. 户外活动区域空间布局科学合理

合理的空间布局可以满足幼儿的活动需要，如为满足幼儿体能训练的需要，户外活动场地设置可以活动的开放空间，可以进行平衡、力量、攀爬、钻爬等大肌肉运动。游戏区域的设施设备丰富多样，可以吸引幼儿自然地投入游戏中。各个区域间过渡自然，幼儿可以从任意区域找到挑战性游戏，还可以自由出入其他区域，如幼儿走入自然角中，绿树青草中掩映着一幢蘑菇房子，进入房子，就走进了一条地下通道，这是一条可供幼儿钻爬的圆形隧道，从隧道的另一端爬出后，就来到了自然角的另一侧，这里有橡胶轮胎堆砌的轮胎山，爬上轮胎山就可以抓住绳索，滑到更远的草丛中……另外，区域间的转换空间中有小凉亭、座椅等休憩设施，整体空间布局科学合理，有利于幼儿在游戏中锻炼、学习。

3. 符合幼儿发展适宜性原则

在户外环境的创设中，考虑到不同幼儿的发展需要，如在攀爬的锻炼上，设计不同难度的攀爬环境，使每个幼儿都能成功实现攀爬的锻炼。有的爬梯较低，攀爬难度较小，适合小班幼儿及一些攀爬动作发展较慢的幼儿游戏；有的爬梯较高，攀爬难度较大，适合中、大班幼儿攀爬。

4. 室内活动区域类型丰富

每个班级活动室内创设了不同的区角，在自由活动时间，幼儿自主选择喜爱的活动，有的幼儿正在专心地建构自己的世界，有的幼儿在安静地绘画，有的幼儿在专心地阅读。不同区域环境的创设既能充分满足幼儿探索、好奇的心理需求，也为幼儿提供了自由交往的宽松氛围。

思考
练习

（1）结合幼儿园的见习活动，谈谈你对幼儿园教育环境的认识。

（2）组织参观幼儿园教育环境，以图文并茂的形式描述幼儿园教育环境及其特色。

（3）在园方允许的情况下，针对幼儿园的安全性和幼儿的参与性元素的体现进行拍照，并在照片后面辅助说明。

（4）分析你所见习或实习过的幼儿园在环境创设方面存在的问题，并提出改进建议。

（5）教师如何在幼儿园教育环境创设中发挥自己的作用？请试举一例，从准备环境、控制环境、调整环境三个方面进行说明。

真题链接

［2017上·单项选择题·3分］幼儿园环境创设中，使用易于识别的生活行为规则标识图，其主要的目的是（　　　）。

A. 美化环境　　　　　　　　　　B. 便于幼儿看图说话

C. 便于幼儿认识各种符号　　　　D. 便于幼儿习得生活技能和行为准则

答案：D

解析：幼儿园的环境创设往往隐含着教育意图，在幼儿园环境中，使用易于幼儿识别的生活行为规则标识图的目的是便于幼儿习得生活技能和行为准则。

［2017下·论述·20分］什么是幼儿园环境？为什么幼儿园教育中要强调创设良好的幼儿园环境？请联系实际说明。

解析：从广义和狭义两个方面回答幼儿园环境，联系实际从幼儿园环境创设的意义回答幼儿园教育中要强调创设良好的幼儿园环境。

国考模拟

1. 幼儿园的环境创设主要是指（　　　）。

A. 购买大型玩具

B．合格的物质条件和良好的精神条件

C．安装塑胶地板

D．选择较清净的场所

答案：B

解析：幼儿园环境按性质可分为物质环境和精神环境两大类。因此，幼儿园的环境创设主要是指提供合格的物质条件和创设良好的精神环境。

2．充分利用当地的自然优势，为幼儿修沙坑，让幼儿在沙坑里做造型、进行结构游戏，用树枝在沙上画画、写字。这一环境创设贯彻的是（　　　）原则。

A．目标导向性　　　　　　　　B．发展适宜性

C．幼儿参与性　　　　　　　　D．经济性

答案：D

解析：贯彻经济性原则具体要做到少花钱多办事，把钱花在刀刃上。农村很多幼儿园努力克服困难，因陋就简地为幼儿园创设丰富的环境，如充分利用当地的自然优势，为幼儿修沙坑，让幼儿在沙坑里做造型、进行结构游戏。

3．创设幼儿园物质环境时，小班环境要有结构简单、色彩鲜艳、富有感官刺激等特点；中班环境要突出操作性；大班环境要突出探索性和实验材料的丰富性。这主要体现了幼儿园物质环境创设原则中的（　　　）。

A．经济性原则　　　　　　　　B．发展适宜性原则

C．动态性原则　　　　　　　　D．开放性原则

答案：B

解析：不同年龄班幼儿在身心发展特点上的差异是非常明显的，其身心发展所需要的环境也不尽相同。因此，教师要根据幼儿的年龄特点为其提供适宜的发展环境。

4．在具备了基本的物质条件后，对幼儿园教育起决定作用的是（　　　）。

A．社会环境　　　　　　　　　B．学校制度

C．物质文化　　　　　　　　　D．精神环境

答案：D

解析：在具备了基本的物质条件后，对幼儿园教育起决定作用的是精神环境。幼儿年龄小，可塑性大，良好和谐的精神环境有利于幼儿的发展，不良的精神环境如大众传媒中不宜幼儿收听、收看的内容，成人不正确的教养态度等会对幼儿的发展产生不良影响。

实践操作案例

开 学 海 报

　　创设内容提要：告别假日，小朋友们重新回到温馨漂亮的幼儿园，教师要以热情饱满的状态迎接每一名幼儿。如可以在幼儿园的门厅设计开学海报。在绘制时要注意整体的艺术性表现。艺术化的布置就是要在海报的整体布局及具体物品的细节上都具有美感。爱美是幼儿的天性，幼儿对具有强烈视觉美的事物尤其敏感。因此，在幼儿园的开学海报中融入对艺术性的追求，使幼儿能在第一时间就喜欢上幼儿园。

　　工具材料：彩色卡纸、马克笔、剪刀、白乳胶等。

　　参考实例：图0-61～图0-64。

图0-61　开学海报1

图0-62　开学海报2

图0-63　开学海报3

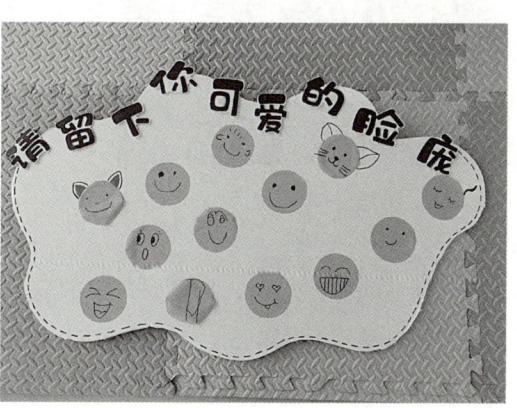

图0-64　开学海报4

课外
拓展

我和西游记的故事

　　杭州市西湖区某幼儿园，黄老师和沈老师根据环境资源引导幼儿做了一期"我和西游记的故事"课程。

　　一日餐后自主阅读时，两名幼儿开启了一场热闹的西游对话"我妈妈昨天给我买了一本《西游记》。里面的孙悟空可厉害了，会七十二变！""孙悟空会七十二变，会翻筋斗云，还有火眼金睛，一下子就能看出谁是妖怪。""二郎神的第三只眼睛也能一下子就分辨出谁是妖怪。"……

　　孩子们神采飞扬地交流着西游记人物的外形特点及其各自的看家本领。在教师的引导支持下，幼儿将自己喜欢的人物或场景画了下来。"我最喜欢孙悟空了，他有很厉害的本领，还是大王。"（图0-65）

图0-65　孙悟空

　　"我喜欢石猴出世，花果山风景很好，孙悟空还在里面称大王。"（图0-66）

　　"我最喜欢蟠桃大会，蟠桃一定很好吃。"（图0-67）

　　"唐僧师徒在路上遇到一个小孩儿在喊救命，原来是红孩儿。红孩儿会吐三昧真火，怎么都吹不灭，后来孙悟空去求助观音菩萨，观音菩萨把她收服了。"（图0-68）

图 0-66　花果山

图 0-67　蟠桃大会

图 0-68　红孩儿

　　在深入讨论《西游记》后，教师发现孩子们不仅欣赏有趣的人物，还发现了《西游记》里的不同武器和充满想象力的故事情节。他们更加关注到了情节背后的一些规律，比如，在遇到困难时，孙悟空能灵活应对，他们也经常相互帮助等。在继续探究《西游记》的过程中，孩子们开始更加关注唐僧师徒遇到困难时是怎么解决的。他们还围绕西游记的话题开展了"石猴出世""蟠桃盛会""真假美猴王"等舞台剧的表演活动。

　　唐僧师徒最后成功取得真经，孩子们的西游之旅也告一段落。但生活中的困难远远不止九九八十一难，教师鼓励孩子们也能像唐僧师徒一样，不畏惧困难，积极向上，努力拼搏，坚持到底，勇往直前。

　　初遇《西游记》，孩子们闪闪发光的眼神常常浮现在脑海中。因为喜欢，他们全身心地投入，每天期盼西游活动的开展。因为投入，他们收获满满。西游文化所传递的正能量也慢慢地融入他们的生活中。遇到困难时，耳边时不时地能听到他们说：别怕，我们一起帮助你；你要像孙悟空一样勇敢，不怕困难，坚持到底；你一定可以的……

我想，这就是《西游记》所带来的最大的力量。

在水帘洞的制作中，孩子们一开始都觉得不可能完成，太难了。但他们没有放弃，一起出谋划策、一起协商设计、一起收集材料。在努力下，孩子们终于完成了水帘洞道具的制作。当听到孩子们兴奋地分享成功喜悦的那一刻，我和孩子们一起兴奋地说：我们是最棒的！只要努力，我们一定可以成功……

（素材来源：杭州市西湖区紫荆幼儿园）

项目一

幼儿园物质环境创设

《学前教育专业师范生教师职业能力标准（试行）》在"保育和教育实践能力"中提出本专业学生要"能够创设安全、适宜、全面，有助于促进幼儿成长、学习、游戏的物质环境，合理利用资源，为幼儿提供和制作适合的玩教具和学习材料。"幼儿园物质环境是指幼儿园内可见的有形环境，主要包括幼儿园根据保教需要，为幼儿提供的物质材料、设备、活动场地设施等。幼儿园物质环境应该无污染、安全可靠、整洁美观，室内外有足够的生活和活动空间、有丰富多彩的活动内容环境。这样的环境可以促进幼儿身心和谐发展。

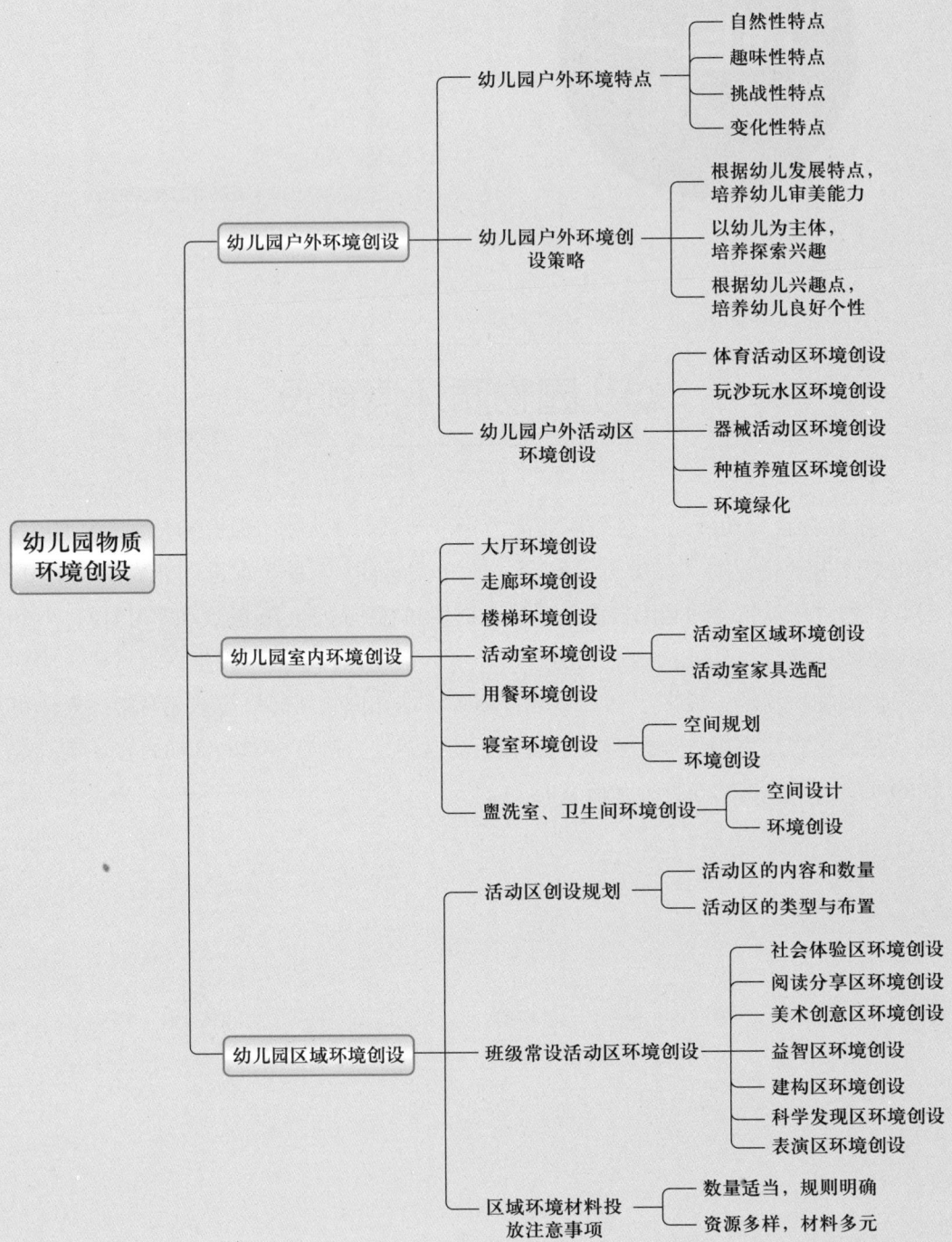

知识目标

☐ 了解幼儿园室内外环境的构成和区域环境的规划。

☐ 理解幼儿园室内外环境和区域环境的特点。

☐ 掌握幼儿园室内外环境和区域环境的创设要点。

能力目标

☐ 掌握幼儿园室内外环境和区域环境的创设理论。

☐ 掌握幼儿园室内外环境和区域环境的设置规划。

☐ 能根据幼儿的不同年龄特点对幼儿园区域环境进行创设。

素质目标

☐ 认识环境对幼儿成长的重要作用。

☐ 树立为幼儿创设适宜环境的责任心。

☐ 增强爱岗敬业意识，不断提高完善自己。

任务一　幼儿园户外环境创设

奶奶的疑惑

　　幼儿园开学了，奶奶第一次送月月上幼儿园。幼儿园围墙是通透的栏杆，月月进了幼儿园以后，奶奶有些不放心，趴在栏杆上往幼儿园里面观望。幼儿园活动场地非常开阔，中间有彩色跑道、活动场地，旁边有组合滑梯、活动器械，远一点有水池、沙坑，沙坑旁边的墙面上固定了很多彩色的旧轮胎，靠墙边还有一些油桶改造的花盆、泡沫纸箱做的小菜园、草皮覆盖的坡地等。奶奶看得张大了嘴巴，喃喃自语道：

"这么多玩的地方有啥用啊？娃们光顾着玩了，这么好的幼儿园咋还用旧轮胎、旧油桶种菜？"

问题思考：幼儿园户外环境对幼儿发展具有哪些价值？本案例中户外环境创设中，废旧物应用的作用是什么？

室外设计概述

幼儿园户外环境是指在幼儿园建筑物周围的外部活动场地、空间及活动设备设施，如攀爬、游戏、跑道等户外活动区域环境和绿化环境等。在幼儿园整体环境中，室内与户外环境相互呼应关联，起到促进幼儿身心和谐发展的作用。

科学规划、合理布局户外活动环境，是幼儿园教育环境创设的重要内容之一（图1-1）。

图1-1　幼儿园户外设备

一、幼儿园户外环境特点

幼儿园户外环境创设的特点及原则

户外是幼儿喜欢的场所之一，对幼儿来说意味着游戏和快乐。户外活动对幼儿健康成长起着非常重要的作用。《幼儿园工作规程》明确规定："在正常情况下，幼儿户外活动时间（包括户外体育活动时间）每天不得少于2小时，寄宿制幼儿园不得少于3小时；高寒、高温地区可酌情增减。"幼儿园科学规划、合理布局户外活动环境可以促进幼儿的全面发展。

（一）自然性特点

跟室内环境不同的是，户外环境首先展现的就是自然性——清新的空气、温暖的阳光、柔和的清风。幼儿通过户外嬉戏、玩耍舒展锻炼四肢，通过观察感知、探索自然启发心智。合理良好的户外环境会使幼儿活泼开朗、心胸开阔、健康成长（图1-2、图1-3）。

图1-2　幼儿园户外环境

图1-3　幼儿园户外活动

（二）趣味性特点

户外环境对幼儿最大的吸引力，来自户外的各种游戏设施设备，比如，秋千、滑梯、攀爬墙、小木屋、城堡等。还有一些玩具和材料，比如，篮球、沙包、小推车、废旧轮胎等。户外活动空间少了室内空间的约束和限制，幼儿放松身心，自由自在地和自己喜欢的小朋友一起，体会探索的趣味和游戏的快乐，在新鲜的空气中、明媚的阳光下释放着天然的爱玩的特性。这样的户外环境能更有效地促进幼儿的身心健康（图1-4）。

图1-4　幼儿园户外游戏设备

（三）挑战性特点

幼儿园户外环境丰富多彩，滑滑梯有爬高并从高处顺势而下的刺激，荡秋千有天上地下飘忽飞跃的变化，过索桥、钻山洞有挑战胆量和体能的刺激，在各种富有挑战性的活动中，幼儿感受自己的能力、享受户外活动的"野趣"。无论是过程还是结果，身体上还是心理上，都充满了刺激与挑战，幼儿在这样的户外环境中活动，锻炼了肢体活动能力、提高了认知、培养了思考探索能力（图1-5、图1-6）。

图1-5 攀爬网　　　　　　　　图1-6 攀爬软梯

（四）变化性特点

户外环境的自然性决定其具有变化性。比如，春天鲜花绽放、夏天烈日蝉鸣、秋天果实累累，冬天白雪皑皑，春夏秋冬四季有交替、早晚景色不同、意境有别。即使在同一块土地上，由于时令的变化，会有小草钻出，蜗牛背着壳儿缓缓爬行；会有花儿绽放，蝶儿穿行，蝉儿鸣叫，鸟儿啾啾……幼儿的游戏活动、探索活动便由此更加丰富充实，幼儿的兴趣始终盎然。

二、幼儿园户外环境创设策略

（一）根据幼儿发展特点，培养幼儿审美能力

幼儿园教育环境创设应以幼儿为主体，创设符合幼儿审美需求的环境，让幼儿在舒适快乐的环境中健康成长。幼儿较喜欢鲜亮的色彩。在创设幼儿园户外环境时，要注重色彩搭配，让环境与建筑组成一个有机结合的整体，促进幼儿对色彩的

幼儿园户外
环境创设策
略

认识，满足幼儿的审美需要。在造型方面，要更多地为幼儿塑造简单、活泼、生动的形象。幼儿大脑的视觉神经发育尚未成熟，简单而又美观的设计不仅能在视觉上带给幼儿趣味性，还能让幼儿在环境中体验到舒适感、亲切感和愉悦感。美的环境会对幼儿长期熏陶感染，使幼儿在不知不觉中受到影响，获得美的体验，从而提高幼儿的审美感知能力（图1-7）。

图1-7 幼儿园户外环境

（二）以幼儿为主体，培养探索兴趣

幼儿园户外环境的空间比室内环境开阔明朗，距离大自然更加接近一些，更利于幼儿在游戏中自由想象、发挥创造性。在幼儿户外游戏时，教师可引导幼儿发挥想象力和创造力，变废为宝。例如，教师可以询问幼儿对户外环境创设的想法，以"你觉得它怎么样？""你认为我们该怎么做？"的询问方式听取幼儿的观点。在幼儿进行户外活动的过程中，教师应遵循幼儿对游戏、玩具的意愿，给幼儿自主探索的空间，不要过分干涉幼儿的行为（图1-8）。

图1-8 幼儿园户外活动设备

（三）根据幼儿兴趣点，培养幼儿良好个性

关于幼儿园教育环境创设对幼儿的影响，陈鹤琴先生认为："怎样的环境，就得到怎样的刺激，得到怎样的印象"，教师要给幼儿创设良好的环境。幼儿时期是个性发展和形成的重要时期，幼儿作为独立的个体，有不同的性格特点。环境是幼儿生活、学习、与同伴交流、进行自我探索和创造的窗口。环境的创设直接关系到幼儿教育的开展，因此幼儿园要为幼儿创造美的适合的户外环境，比如，舒适、安全、和谐的园内建筑和平等、自由的情感环境，这为幼儿的个性发展和健康成长做了铺垫。幼儿在环境中发现自己的乐趣、发挥自己的才能，通过周围环境的刺激与影响，逐渐形成善于观察、探索创新、快乐学习的兴趣（图1-9）。

图1-9 户外种植区

幼儿园户外
环境创设策
略

三、幼儿园户外活动区环境创设

（一）体育活动区环境创设

I. 跑道

户外环境中，跑道是幼儿集体跑步、做操、活动的区域，一般有直线跑道和圆形跑道（图1-10）。直线跑道应该宽敞平直，左右留有一定的宽度，前后有缓冲余地，设四个跑道。圆形跑道围合直径需要开阔一些，外侧应有一定宽度以满足活动余地。跑道地面材质要符合国家环保要求，耐磨防滑，平整不鼓包。

图1-10　跑道

2. 攀爬区域

有条件的幼儿园会为幼儿设置攀爬区域，比如，攀爬墙、攀爬坡地、可供翻越的小路障等。坡地运动区的设计可根据幼儿园地形特点，通过人工堆坡植草，模仿原始生态的绿地环境，不仅对幼儿活动游戏有极大的吸引力，也为幼儿园户外整体环境增添趣味性。一般来说，坡地应依地势而建，选址要合理，坡地的设置要考虑不影响户外交通，面积要根据幼儿园户外规模而定，坡度应尽量设置为缓坡，坡地的高度应根据坡地运动区的可用面积而定。当可用面积较大时，可适当升高坡地高度，同时需要拉长坡程。当面积较小时，尽量控制坡地高度，创造出微地形条件即可（图1-11）。

图1-11　攀爬区

（二）玩沙玩水区环境创设

1. 沙土活动区

在沙土中玩耍、嬉戏是幼儿非常喜欢的一项活动。创设沙土活动区时应该注意以下几点。第一，面积大小与办园规模相适应，一般不要太大，沙水材料应经常更

玩沙玩水区
设计

换，保持清洁卫生。第二，沙坑位置要选择在阳光充足的地方，既有利于幼儿健康又能经常给沙坑进行日光消毒。第三，为了不让沙子流失，沙坑边缘要高于地面，考虑排水需要，在沙坑底部设排水管道。第四，若高于地面的沙坑边缘由水泥或瓷砖砌成，就会有一定的安全隐患。可以对沙坑坚硬的边缘进行软化处理，比如，用轮胎堆边。沙坑的边框设计不仅要起到拦沙的作用，也要便于幼儿跨越，因此不宜太高。第五，舒适安全的玩沙区，可以使幼儿放心地展开各种游戏活动，比如，堆城堡、挖沙洞、修小河等创造性游戏，从而培养幼儿丰富的想象力和创造力，开发幼儿的智力，使幼儿健康成长（图1-12、图1-13）。

图1-12 沙土活动区

图1-13 沙土活动区游戏

2. 戏水池

幼儿园戏水池也是幼儿的乐园。戏水池不能太深、太大，以确保幼儿的安全。戏水池一般深度不能超过30 cm，池底必须进行防滑处理，不能有水草植物。戏水池的水质要始终保持清洁，定期更换干净水。戏水池的设计中可安排多种不同形式的水源，比如，一股溪流、迷你型小喷泉等，都会为幼儿提供探索发现的机会。戏水池的形状可以是圆形、三角形、长方形等简单的几何形，与小喷泉、小溪水结合起来，给幼儿构建一个和谐美丽的水乐园（图1-14）。

图1-14 戏水池

（三）器械活动区环境创设

幼儿园室外活动场地上一般设置有大中型活动器械。这些器械被固定在经过特殊处理的地面上，器械间要保持足够的安全距离。各种大中型活动器械是幼儿园器械活动区的"主角"，可满足幼儿游戏、锻炼等的需求。器械活动场地应以适合的地面为宜，幼儿园根据自身办园条件和气候特点，可以将器械活动场地设在草坪上或沙地上。地面应有良好的渗水性，排水应通畅。

户外活动器械既要坚固耐用，保障幼儿安全，又要美观轻巧，便于安装和维护，还要有防跌、防撞的防护措施，防止幼儿跌落撞伤。幼儿园器械维护人员要注意严格保持场地和器械的安全、卫生。幼儿园活动器械要符合幼儿身心发展特点，从而有效地促进幼儿身心健康成长（图1-15）。

图1-15　户外活动器械

幼儿园活动器械配置要求：

（1）活动器械要适合幼儿的身高与活动能力；

（2）活动器械以木材、轮胎、绳网、塑钢等材料为宜；另外，器械设备要安装牢固，要有专门维修保护人员定期检查维护；

（3）活动器械的数量与场地面积之间要保持合理的比例，要适合幼儿园具体情况。

（四）种植养殖区环境创设

I.种植区环境创设

户外环境要为幼儿开辟一片种植区，让幼儿去种植属于自己班级的绿色植物，培养幼儿的团队意识和主人翁责任感，使幼儿从小爱上劳动，懂得珍惜劳动果实，也让幼儿亲身体会种植的乐趣。在这一过程中，幼儿可观察植物生长的过程，以及光、空气、水、土壤对植物的影响和作用（图1-16）。

种植养殖区设计

种植区一般会设置在幼儿园的无遮挡边角处，或者将两个户外活动区域中间隔离带作为种植区。这样既可保证植物生长条件，如有充足的阳光照射，也便于幼儿经常到种植区照顾察看植物的生长情况（图1-17）。

图1-16　户外种植区

图1-17　户外种植区观察活动

2. 养殖区环境创设

可在幼儿园户外合适的区域设置养殖区，搭建小动物房舍，养殖小动物并分配给各年龄班去观察照顾。幼儿可喂养小动物或近距离地观察小动物的活动情况。相对于植物，幼儿更加喜爱动物，对动物有更明显的爱护意识。他们非常关心自己喂养的小兔子、小刺猬等，为小动物少吃而担心，为小动物的生长而兴奋，也为小动物的生病而难过。饲养小动物还能培养幼儿的观察能力、劳动能力，以及爱护小动物等好习惯。从卫生防疫角度考虑，小动物房舍不能太靠近各班级活动区域（图1-18、图1-19）。

图1-18　户外养殖区

图1-19　室内养殖区

（五）环境绿化

环境绿化有装点美化环境的作用。环境绿化要因地制宜，结合场地功能、日照条件、土质情况等进行恰当的植物配置。如在主体建筑物周围建美丽的小花园，种植各色花卉，一方面便于幼儿观赏，另一方面对建筑物可起烘托美化作用。在道路边缘可点缀灌木或以灌木作为绿篱，而在室外游戏场地的边界或主体建筑物的东西两端，可栽植较高大的乔木，起到围护与遮挡西晒的目的。此外，最好有一个完整的地块做成草坪。一方面可供幼儿在其上玩耍、踢球；另一方面作为景观也十分舒坦。环境绿化时，也应注意不同季节的绿化效果（图1-20）。

图1-20　环境绿化

案例分析

案例描述： 幼儿园户外活动时间到了，两名教师带领中班幼儿排队下楼活动。教师带着幼儿来到户外活动器械旁边，组织幼儿进行平衡身体活动练习，练习了一会儿，教师观察到幼儿有些累了，于是带着幼儿来到攀爬墙附近休息，顺便看看小菜园。这里有中班幼儿和教师一起种下的植物：有两三颗向日葵苗，还有几颗小青菜，分别种在大小不一的旧油桶、饮料瓶改造的种植桶里，幼儿高兴地围着植物角一边观察植物一边叽叽喳喳地说着："这是我带来的油桶。""那是我拿来的瓶子。"教师在旁边适时地引导："这些原本的废旧物品可以再次利用。大家再找找哪些地方还有用废旧物品做的东西。"这时小婉抬头看到不远处用废旧轮胎做成的攀爬墙，她高兴地用手指着攀爬墙喊道："老师，我知道还有轮胎墙。"教师摸着小婉的头点头说道："对，轮胎墙也是用坏掉的轮胎做成的，这叫变废为宝，我们要爱护环境，废物再利用，这是每个人都应该做的。"在教师的引导下，短暂的户外活动不但锻炼了幼儿的身体，也让幼儿明白了，废旧物品还可以再次利用，变废为宝。

分析： 教师课间带幼儿来到户外环境中，通过户外活动增强幼儿体能、使幼儿积累一定的技巧经验。教师带领幼儿观察小菜园，提高幼儿耐心细致的观察能力，同时引导幼儿培养旧物回收利用、节能环保、爱护环境、保护植物的责任意识。

思考
练习

（1）谈谈你对幼儿园户外环境的创设思路。

（2）你认为幼儿园户外环境创设过程中应注意哪些问题？

国考
模拟

1.［多选题］幼儿园户外环境特点有（　　　）。

A．自然性　　　　　　　　　　　　B．挑战性

C．互动性　　　　　　　　　　　　D．启发性

答案：AB。

解析：户外有清新的空气、温暖的阳光、柔和的清风，跟大自然更接近；设置有滑梯、秋千等富有挑战性的设施设备，所以幼儿园户外环境具有自然性和挑战性的特点，有利于激发兴趣，引发游戏和探索欲望。

2.［单选题］下列不适宜作为幼儿早操活动场地的是（　　　）。

A．草地　　　　　　　　　　　　　B．水泥地

C．塑胶地　　　　　　　　　　　　D．泥土地

答案：B。

解析：一般说来，水泥地面过于坚硬，不适合作为户外活动场地地面。

3.［单选题］下列选项中不属于幼儿园户外环境的是（　　　）。

A．早操活动区　　　　　　　　　　B．沙坑器械设备区

C．种植试验园区　　　　　　　　　D．活动室

答案：D。

解析：活动室属于室内环境。

实践操作案例

小动物介绍牌

创设内容提要：制作防雨的标示牌，可以用来标示户外饲养的小动物或种植的植物等。使用废旧的光盘制作小动物介绍牌，向大家介绍小动物的习性特点。可以用塑封后的彩色图画纸装饰介绍牌，这样就不用担心被雨水淋湿。

工具材料：彩色图画纸、马克笔、废旧光盘、绳子等。

参考实例：图1-21。

图1-21　小动物介绍牌

课外拓展

庆国庆——我们可爱的祖国

现在正是九月底，幼儿园里，学前教育专业的学生正在进行为期一月的实习活动。周一早上，幼儿园的教学主任安排其中在大三班实习的三名同学带领六名幼儿进行户外环境创设实践练习。美术室提供材料，要求同学们自己构思、设计、布置、安排。

三名同学接到任务后马上组织幼儿来到户外场地，一起思考讨论如何布置，幼儿兴奋地不停地提出自己的想法，最后大家确定以"国庆"为主题来布置幼儿园周围的栏杆墙。主题确定好后开始分工合作，三名同学每人分配两名幼儿一起协作。一人负责查找资料：收集祖国的名山大川、名胜古迹、伟大发明和显著成就的图片。一人负责工具材料准备：卡纸、勾线笔、各色颜料等。一人负责设计造型来庆祝祖国的诞辰，最后共同制作完成作品。经过团队大小成员一周的努力，一组以"我们可爱的祖国"为主题的儿童画完成了，被分别固定在幼儿园的围墙栏杆上，非常醒目。周五下午幼儿放学了，突然发现栏杆上面的画，个个看得都很认真，教师也看到了，脸上露出了笑容。这次户外环境创设实践练习，是实习学生带领幼儿一起制作完成的，体现了幼儿的主体性及师幼协作的理念。国庆主题的环境创设具有时效性，有助于培养幼儿的爱国主义情感，体现了幼儿园教育环境的隐性教育目的。

任务二　幼儿园室内环境创设

情境
导入

开学啦！

　　幼儿园新学期开始了。为了迎接新生入园，教师在园门口醒目的地方设置了造型活泼可爱的欢迎标识牌，园内道路旁更是布置得温馨喜庆，楼内大厅设计了可爱的小动物指路造型，楼梯台阶上画上了彩色的小脚印，走廊两边布置了讲文明、懂礼貌的图片，教室里更是精心布置了幼儿喜欢的卡通动物、昆虫的造型，显得温暖亲切，就像一个小家庭一样。

　　在幼儿园中，室内环境如何创设？创设时应注意什么？

一、大厅环境创设

这里的大厅也就是幼儿园门厅，门厅的展示墙是幼儿园面向家长展示特色的窗口，是幼儿园整体环境创设的灵魂所在，代表一所幼儿园的教育理念和精神风貌（图1-22）。

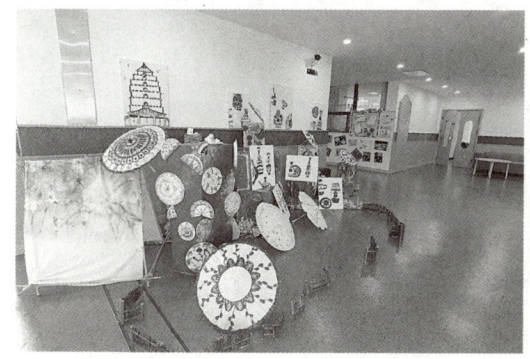

图1-22　幼儿园大厅环境

门厅，是整个幼儿园里比较宽敞的一个室内区域，以方便人流通过或做短时间停留，是幼儿园内部公共活动场地的重要组成部分，也是幼儿园教职工、幼儿、家长、来访人员进出的主要"地带"。门厅还兼具晨检、滞留、小憩、传递信息等功能。

在创设门厅环境时，第一要保证门厅区域路线畅通，第二要展现出幼儿园特色、风格品位及精神风貌。门厅的布置要体现幼儿审美特点，整体色彩的配置要明快柔和，与幼儿园整体氛围相协调。门厅整体布局要简约明快，所有的美化装点都要与室内总体环境相呼应（图1-23）。

图1-23　幼儿园接待区

走廊设计概述

二、走廊环境创设

走廊环境是反映园所特色的一个重要方面，也是幼儿园环境的重要组成部分（图1-24）。

走廊，也就是有顶的通道，是用来联系同层各功能室的通道。教师和幼儿通过走廊能够到达同层的其他活动区域和活动室（图1-25）。

走廊设计实践

图1-24 幼儿园走廊墙饰

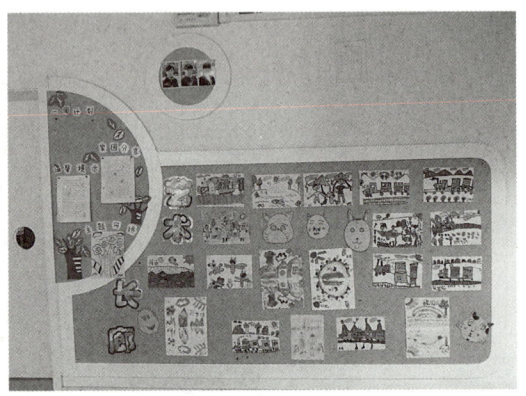

图1-25 走廊

在幼儿园中，应该根据交通人流量、防火安全疏散和其他使用功能去设计走廊的建筑宽度，一般走廊要宽敞一些，走廊两边墙壁要顺畅，不要有突出物，防止幼儿碰撞。走廊长度距楼梯出口距离不要太长，应严格按照建筑物防火要求去做。幼儿园外廊设计要考虑幼儿在外廊活动时的通风效果和视野的开阔，安全栏杆多采用通透式金属栏杆。为保障幼儿安全，栏杆设计成不便攀爬的垂直型线饰栏杆，且高度不能低于1.3 m，垂直线饰之间宽度不能大于0.09 m。栏杆下部分距地面部分要有实体遮挡，防止造成安全隐患（图1-26）。幼儿出入的走廊不应设台阶，与地坪有高差时可以使用坡道，坡度要平缓，并使用防滑坡道。

图1-26 走廊环境

　　幼儿园走廊一般比较长，显得窄而空旷。在走廊环境创设时，教师应注意布置一些能有效降低视觉空间的装饰品，比如，走廊顶部装饰吊饰和挂饰等（图1-27）。走廊两边墙壁可按班分别布置，以不同的内容和形式分别进行装饰美化，让幼儿感到亲切、有趣，并产生安全感、亲切感和归属感（图1-28、图1-29）。还可以将必要的提醒、温馨提示和家园共育等栏目及教育内容展现于走廊内（图1-30）。走廊通道两侧还可以展示幼儿作品。总之，走廊装饰既要考虑艺术性又要结合幼儿教育内容，同时结合幼儿的参与性，体现一定的互动性。

图1-27　走廊顶部吊饰

图1-28　走廊作品展示

图1-29　走廊墙饰

图1-30　家园联系栏

楼梯设计概述

楼梯设计实践

三、楼梯环境创设

楼梯以其多样的造型和细节的艺术处理成为建筑外形或室内的重点装饰部分（图1-31）。

图1-31 楼梯墙饰

充分考虑幼儿行为特点和安全防护要求是幼儿园楼梯环境创设的重中之重，同时其设置的数量、宽度、位置和形式在满足幼儿使用要求的基础上，还要兼顾成人使用，如梯步高度及宽度、梯井宽度、梯扶手、垂直安全栏杆间净距离等。楼梯设置的数量和宽度除遵守消防规范要求外，还应符合下列要求。

首先，楼梯间应具有良好的天然采光和自然通风。其次，楼梯的踏步梯级高度要适合幼儿使用。幼儿迈步的幅度和抬腿的高度都比成人要小，所以幼儿使用的楼梯踏步尺寸应减小。在幼儿园室内楼梯设计中严禁使用扇形和螺旋形楼梯，因其踏面宽度不等，容易造成幼儿踏空，形成安全隐患。楼梯踏步边缘应做防滑处理，铺设防水、防滑、耐磨、易清洁材质的地板。第三，幼儿园楼梯宜用木制扶手，端部和转弯部位要求无棱角，一般除了设置成人扶手外，还应该在两侧设置幼儿扶手。楼梯安全防护栏杆的高度必须符合规定，由于幼儿生性好动，自我保护和自我约束能力较弱，为安全起见，其构造应采用不可攀登的垂直线装饰形式。第四，楼梯栏杆应选择坚固耐

图1-32 楼梯栏杆装饰

用、符合国家相关规定的材料。栏杆色彩以单色为主，不宜涂太丰富的颜色，楼梯错层间隙要做安全防护网，避免幼儿不专注上下楼梯，发生安全事故。楼梯栏杆要造型简洁，也可以在扶手缝隙中间装饰幼儿喜爱的动物、植物的形象。在施工时也要保证材料的环保要求，消除有毒物质对幼儿身体造成伤害的隐患（图1-32）。

幼儿安全是楼梯及楼梯间环境创设首先要考虑的问题。楼梯侧面墙壁、楼梯转弯处是楼梯间环境装饰的主要空间，设计时风格应简洁。梯间墙面常悬挂名家绘画作品做装饰，或者设置成幼儿作品展示区。楼梯及梯间整体环境创设应该一目了然，色彩简洁明快，少细节，不应引起幼儿长时间驻足观看，以免幼儿集体通过时发生拥挤，出现意外（图1-33）。

图1-33 楼梯墙饰

四、活动室环境创设

活动室是一个相对独立的，集幼儿学习、游戏等日常生活为一体的小型多功能活动区间，也是幼儿在园一日生活的主要场所。

（一）活动室区域环境创设

活动室内所有设施和幼儿活动的"背景"就是活动室墙面、地面和天花板，这三个面的设计布置要考虑活动室使用功能和幼儿整体感受。

l. 活动室墙面创设

墙面创设要在体现活动主题实现教育功能的前提下，考虑色彩设计，利用室内光照情况和幼儿的感知效果，同时还要注意我国南北方地域差异的色彩变化。活动室墙面色彩应该浅淡一些，柔和温馨比较适宜，显得室内空间宽敞明亮，便于平时环境布置（图1-34）。

图1-34 活动室墙面创设

2. 活动室地面创设

幼儿每天都会重复接触活动室地面，所以地面材料的选择尤为重要。可以选用易清洁的强化地板和弹性、保温性良好的架空实木地板，也可以选择抗菌复合地板。地板材料既要保证安全卫生，又要脚感舒适保暖以利于幼儿身体健康。地面装饰同墙面一样需要精心设计，根据活动需要和幼儿发展，可以通过粘涂动画形象、图案或点线面等符号，营造趣味性较强兼具活动功能的个性化环境（图1-35）。

图1-35　活动室地面创设

3. 活动室天花板创设

对幼儿来说，活动室的天花板较高，向上看需要仰视，与之相比显得幼儿更加矮小，对幼儿身心会造成不适的感觉，教师一般会采用长一些的挂饰来改善这种状况（图1-36）。

图1-36　活动室挂饰

（二）活动室家具选配

活动室家具包括：幼儿园桌椅、玩教具收纳柜、水杯存放柜等。为满足幼儿生活需要和教育教学活动要求，幼儿园活动室家具设施应遵循科学、安全、实用美观的选配原则。

1. 幼儿园桌椅配置

幼儿园桌椅主要用于幼儿美术、棋类等桌面操作活动，也兼作进餐和他用。幼儿园一般根据幼儿生理特点、教育活动要求，以及幼儿各年龄段的活动特点来确定桌椅尺寸与规格。一般情况下，桌子的高度选择以幼儿坐下时舒适为宜，椅子的高度同样以幼儿坐下时恰当方便为宜。幼儿使用的桌子形状样式较多，为节约空间，方便幼儿分组活动，桌子采用长方形要多一些，也可以选择造型独特、组合方式灵活多样、趣味性强的异形桌。幼儿用的桌子普遍较低，且不设抽屉和横撑，以免幼儿坐下时下肢活动受限。桌宽应根据小中大班使用桌子情况的不同而有所差别（图1-37）。

图1-37 活动室桌子

2. 玩教具收纳柜配置

玩教具收纳柜主要用来存放玩教具和手工操作材料等，也可以用来展示、放置幼儿作品。收纳柜一般设置成双面柜，高度根据幼儿身高配置，方便幼儿取放物品，也方便教师对活动室里的动态进行全局观察。最后还要注意，柜子一定要稳固结实，以保证幼儿安全（图1-38）。

图1-38　玩教具收纳柜

图1-39　水杯存放柜

3. 水杯存放柜的配置

水杯存放柜是幼儿园活动室必须具备的幼儿饮水杯存放处。按照幼儿园设施配置和卫生要求，每个年龄班都要有具备一定数量的水杯格子、水杯柜架，且要做到每人一格一杯。水杯架的摆放位置和高度以方便幼儿取放水杯为宜。由于幼儿园水杯规格样式统一，为避免幼儿拿错，各水杯上要贴上幼儿容易识记的标记或图案（图1-39）。

五、用餐环境创设

首先，幼儿用餐环境要舒适。幼儿餐厅可配置柔和的暖色系餐桌椅，营造引起幼儿食欲的氛围。餐厅墙面以浅色系为主，局部装饰色彩鲜艳、生动可爱的食物图片或绘画作品，烘托出温馨的气氛。有的幼儿园没有餐厅，活动室也可以兼做幼儿餐饮空间。

其次，要为幼儿提供安全好用的餐具。要选择绿色环保、大小深浅合适、不易破碎产生尖角、不易脆化老化的素色餐具。适当地引导幼儿在适龄期学会使用筷子，筷子以竹木材料最好。

再次，合理搭配幼儿膳食。幼儿每周的蔬菜水果、主食副餐都要精心、科学安排和搭配。幼儿用餐必须本着分量合适、品种齐全、咸淡适宜、营养均衡的原则去安排。为方便家长了解或卫生部门监督，幼儿园可将一周食谱（用文字书写或用具体食物形象表示）贴在醒目的地方，这样做也便于幼儿和教师做好餐前准备工作。

此外，制作食物的厨房应宽敞明亮、整洁卫生。厨房必须遵循"三分开、一方便"的原则：生熟要分开，且贴有标识；调味品与副食品的贮藏要分开；烹饪间与烧火间要分开；炊事员流水操作要方便。厨房的各种用具齐全，灶具安全卫生，能做到定期检查、维修。熟食间必须有纱窗和防蚊虫设备，厨房要定期消毒，保持安全卫生。炊事员必须持证上岗，严格遵守卫生部门的规章制度，配备消毒过的服饰，做到穿戴整洁。

六、寝室环境创设

在幼儿园中，幼儿休息和午睡的地方称为寝室。幼儿寝室应安静且通风良好、温度适宜、整洁卫生、舒适怡人，以保证幼儿有充足的睡眠。专用寝室一般配备在幼儿班级活动区域内，也可以把活动室兼作寝室。幼儿就寝时，保育教师要做好照料幼儿的保育工作，在这一过程中，可重点培养幼儿良好的睡眠习惯、自我管理和自我服务能力，这也是保教结合的体现。

寝室设计概述

寝室设计实践

（一）空间规划

幼儿园寝室位置朝南比较好一些，阳光充足，空气清新，通风良好。按照幼儿园卫生要求，寝室需要有足够的紫外线消毒灯等设施，并按时、定期对寝室环境、被褥进行消毒处理。同时注意消毒灯开关必须设置在幼儿无法触及的地方。独立固定的床铺比较舒适，有益于幼儿快速进入睡眠，也为幼儿养成生活自理能力和良好睡眠习惯创造了前提条件。各班寝室同时也应具备存放幼儿衣物的储藏空间、晾晒幼儿衣服物品的空间与设施。

（二）环境创设

幼儿园寝室环境创设的主旨是为幼儿创设安全、宁静、舒适的睡眠环境，包括床铺被褥的选择与安排、室内色彩搭配及良好睡眠习惯养成等教育内容的融入。

1. 幼儿园寝室用具的选择与布置

寝具中床铺被褥是最主要的。根据幼儿的身体成长特点，应选择以木板床为主的软硬度适中、且具有很好的透气性的床具。尺寸应考虑幼儿的身高，为防止幼儿睡眠时翻身滑落被子、摔落等情况的发生，床的四周应有挡板或栏杆。为方便幼儿上下床，一侧挡板的高度需降至与床平齐。

活动室兼作寝室的可配置方便收放的折叠式、伸缩式床具，寝室用窗帘，床单、被套、枕套等床上用品，最好选择含棉麻成分较高的布料，并注意选择无异味、稳定性强、不易褪色的面料。

2. 寝室色彩设计

首先，要营造好的环境氛围，也就是说寝室的光线要适宜、色彩要温馨淡雅，

彩图1-40

图1-40　寝室色彩设计

避免用刺激的形状或色彩影响幼儿睡眠。寝室墙面可选择淡绿、淡蓝、淡黄等浅色系颜色，浅色系会给人一种宁静、平和的心理感受，有助于稳定幼儿情绪，使幼儿快速入眠。天花板一般为白色，地面应铺装保暖性好、安全卫生的具有良好弹性的实木或复合地板。窗帘的色彩可配合寝室整体色彩搭配，使室内产生柔和、温馨的光线效果（图1-40）。

3. 设计幼儿行为准则标识

教师可利用幼儿易于识别的图示标识等，在幼儿寝室中建立睡眠常规。比如，在墙面上粘贴提示幼儿"在寝室不能喧哗、聊天，走路要轻，不影响和干扰其他幼儿睡眠，不能将玩具带入寝室、睡前如厕"等图片。

教师还要培养幼儿养成良好的睡眠习惯和生活自理能力。引导幼儿练习快速有效地穿脱衣服、系扣子、系鞋带、折叠衣服、整理被褥等能力，养成良好习惯。比如，外衣叠整齐放在床头，鞋袜统一放置一侧，鞋面向上、鞋尖向前摆放在床边等易穿着的地方，整理衣裤和被子等。

七、盥洗室、卫生间环境创设

盥洗室设计
概述

幼儿园盥洗室、卫生间是幼儿每天都要接触的地方。在教师的科学指导下，幼儿通过盥洗与正确使用卫生设备，逐步养成良好的卫生习惯与生活自理能力，为健康成长奠定基础。

（一）空间设计

盥洗室、卫生间应和活动室、寝室距离较近，并通风良好。盥洗室和卫生间的各种设施设备的配置都应该符合幼儿的年龄特点和卫生防疫要求（图1-41）。

盥洗室设计
实践

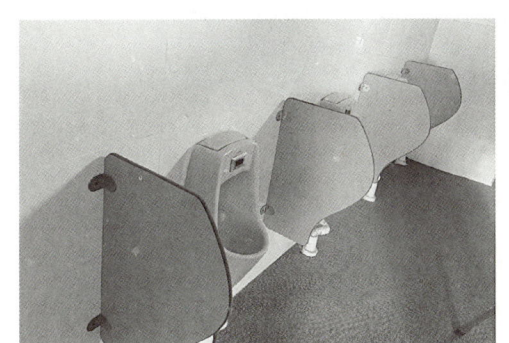

图1-41 卫生间

（二）环境创设

幼儿园盥洗室和卫生间应及时清洁，保证地面干燥整洁，符合卫生要求。首先，卫生间必须及时冲刷和清洁消毒，做到无气味、无水渍，给幼儿创设一个良好的如厕环境。其次，培养幼儿好的大小便习惯和整理衣裤的能力，不能限制幼儿大小便次数和时间。再次，培养幼儿良好的卫生习惯，掌握正确的清洁方法。可以在洗手池前张贴七步洗手法示意图等，以引导幼儿用正确的方法洗手。盥洗室必须设置毛巾架，悬挂供幼儿使用的毛巾。毛巾上应有相应幼儿的编号，方便幼儿取放。做到一人一巾，且毛巾间要保持一定的距离。通过多种形式的环境创设，引导幼儿从小养成良好的生活、卫生习惯（图1-42、图1-43）。

图1-42　盥洗室

图1-43　毛巾架

案例
分析

案例描述： 新学期开始了，三岁半的幼儿毛毛在妈妈的带领下，第一次上幼儿园。幼儿园四周的墙面很漂亮，画了很多的人物和场景，有向老师行礼的、有小朋友握手的、有很多小朋友排队上楼梯的等，毛毛看得很开心，幼儿园真有趣。这时，幼儿园的一位老师走过来接过拉着妈妈手的毛毛，毛毛看见老师过来，想起刚才墙面上看到的行礼图，小小的她像模像样地跟老师行礼，惹得妈妈和老师都笑了。妈妈很惊奇，笑着对老师说："这来幼儿园还没开始上学就已经知道礼貌了，看来上学真的好呢。"老师带毛毛进入幼儿园，耐心地对毛毛讲小动物指路牌的方向、楼梯台阶上面的小脚印及墙面上的图片含义。毛毛高兴地说："我会看路，做有礼貌的好宝宝！"老师带着毛毛进入小班教室，毛毛东看看墙面上的小兔子、西看看毛毛虫，老师看他好奇的样子一点也不怕生，就问他"喜欢这里吗"，毛毛开心地大声回答"喜欢！"

分析： 在幼儿园教育环境创设中，尽可能为幼儿提供直观形象的信息刺激，让幼儿在一日生活中不知不觉地受到熏陶，积累经验，长此以往，会使幼儿的学习品质与能力得到内化。

思考
练习

（1）谈谈门厅环境创设要如何规划设计？

（2）盥洗室布置中，如何通过环境来引导幼儿良好习惯的养成？

国考
模拟

1. ［单选题］幼儿园活动室空间界面设计应从哪几个方面着手？（　　　）

A. 墙面、地面和天花板　　　　　　B. 墙面、窗户和门厅

C. 墙面、门厅和走道　　　　　　　D. 门厅、窗户和室内空间

答案：A。

解析：幼儿园活动室空间由活动室墙面、地面和天花板组成。所以空间界面设计应从墙面、地面和天花板这三个方面着手，设计布置要考虑活动室使用功能和幼儿的整体感受。

2. ［单选题］走廊功能描述正确的是（　　　）

A. 走廊即有顶的过道，是用来联系各空间的通道。

B. 是走路通过的地方，可到达不同的目的地。

C. 走廊就是连接不同空间的道路。

D. 走廊即有顶的过道，建筑物水平交通空间，用来联系同层各房间的通道。

答案：D。

解析：走廊是用来连接同层各功能室的通道，教师和幼儿通过走廊能够到达同层的其他活动区域和活动室。

3. ［多选题］幼儿园厨房环境的"三分开、一方便"的原则，是指（　　　）。

A. 生熟要分开，且标志分明　　　　B. 调味品与副食品的贮藏要分开

C. 烹饪间与烧火间要分开　　　　　D. 方便进出

答案：ABC。

解析："三分开、一方便"的原则：生熟要分开，且标志分明，调味品与副食品的贮藏要分开，烹饪间与烧火间要分开，炊事员流水操作要方便。

实践操作案例

走廊环境：教育是什么？

创设内容提要：教育是什么？教师和家长都在思考。教师带领幼儿一起完成了一组挂图，他们将抽象的概念形象化，采用多幅画面进行排列组合呈现在幼儿园的走廊里。在进行艺术形象造型时，充分考虑了幼儿的审美理解力和审美情趣，稚气、笨拙的形象造型较易引起幼儿的喜爱，适合幼儿智力和思维的发展特点，也能引导幼儿积极地参与绘画。

工具材料：亚克力板、黑色记号笔等。

参考实例：图1-44。

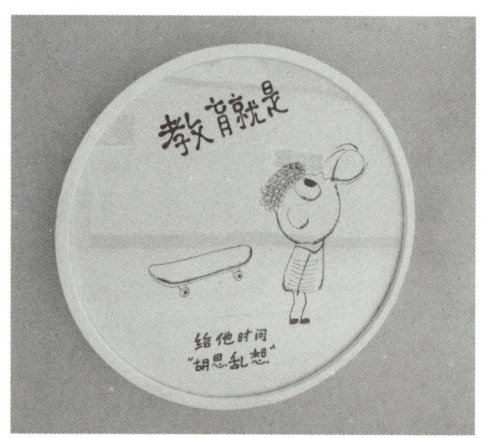

图1-44 走廊环境

课外
拓展

在盥洗室里比美

　　一日，林林洗完手后边擦手边盯着镜子里的自己看了许久后，终于将毛巾放回原位，老师以为她要走了，却见她把头往右侧甩一下、往左侧甩一下，视线始终没有离开镜子，她在看自己的小辫呢！在欣赏完小辫之后，她拍了拍正在旁边擦手的思思，说："你看我的裙子多漂亮！"林林边说边两手拉着裙摆，身体转了一圈，显然是在思思面前炫耀自己的新裙子呢！不料，思思瞄了一眼林林的裙子，说道："我姑妈给我买的那条裙子比你的还要漂亮呢！我明天就穿到幼儿园来。"林林有点不服气地说："好啊！那就比一比，到底谁的裙子漂亮！"思思也不甘示弱，大声地回应道："比就比！"的确，升入大班后，老师发现班上有多个女孩子背起了小包，变着花样梳辫子，有的孩子看着其他小朋友的新裙子会目不转睛，羡慕之情溢于言表。老师还听到几个家长说孩子在家总吵着要如何如何打扮。爱美是一种天性，追求美是积极向上的表现。大班幼儿具有一定的爱美意识和审美能力，特别是一些幼儿会主动追求美。由于幼儿具有好模仿和以具体形象思维为主的心理特点，老师要适时引导，避免幼儿过分追求外在美。

　　于是，为了提高幼儿的审美认识，建构正确的审美观。老师组织幼儿欣赏诗歌《孔雀》，让他们理解"不比新衣比志气"的道理；讲故事《帅哥小蛤蟆》，让他们知道故事中的小蛤蟆是因为帮助了别人而被人称作帅哥的。通过对文学作品主题思想的理解，幼儿领悟了内在美比外在美更为重要的道理，也知道了更应该去关注内在美。老师在盥洗室相应的位置粘贴提示性的图片，告诉幼儿把自己打扮得整洁是必要的，能够给自己和别人一个好心情、一种美的享受，但更要注重内心美、行为美。此后，爱背小包的幼儿不再执意要背包了，爱打扮的幼儿也不再为要梳好看的辫子、穿漂亮的衣服而闹情绪了，同样，也没有谁不注重仪表，而个个都穿戴整洁、得体。更可喜的是，幼儿发现了他人的美，会说出同伴更多的优点。

　　案例中教师观察到孩子的"比美"事件，结合孩子平时的表现及家长的反馈，迅速地发现了其隐含的教育价值"建构正确的审美观"，并适时引导，通过欣赏诗歌、讲故事、盥洗室的环境创设等对幼儿开展了"审美"教育。可见，幼儿园的各种环境、各个环节都蕴含着教育契机，它具有偶发性、情境性的特点，教师要抓住这些契机对幼儿进行随机教育，及时发现，伺机引导，顺势而"教"，使我们的教育达到事半功倍之效。

任务三　幼儿园区域环境创设

小　医　院

　　某幼儿园大班，教师和幼儿正在进行角色扮演游戏。在提前创设好的"小医院"区域环境中，戴着卫生帽、穿着白大褂的"医生"正在给"病人"检查身体。只见"医生"耳朵上戴着听诊器，将另一端的圆头放在"病人"的肚子上，很"严肃"地说道："你的肚子发炎了，要吃药才能好。"这时旁边戴着护士帽的"小护士"端着放有针管、药瓶、体温计的托盘走过来打算给"病人"用药了。教师在旁边观察、启发幼儿的活动，根据幼儿的需要及时更换"小医院"的"医疗器具"，并在适当的时候扮演"病人家属"说明病情。

　　在区域活动中，幼儿的兴趣怎样得到激发？创设怎样的区域环境能促进幼儿能力的发展？

　　区域环境是活动室环境的重要组成部分。区域活动是由教师提供适合的活动场地和操作材料，幼儿自由选择活动内容和区域，通过操作、发现、讨论等方式习得知识经验、发展能力的一种教育形式。区域活动尊重幼儿的个性差异与学习特点，以个别化、小组化的学习方式打破了传统的集体教学模式；并从幼儿年龄特点出发，创设活动情境，提供多样化的材料，满足幼儿不同兴趣和操作需要，使幼儿通过区域活动获得认知、情感、身体等多方面发展。优秀的区域环境创设为幼儿提供了发现和发展个性潜能的机会，引导幼儿发现适合于自己的发展模式，包括利用自己的长项，弥补自己的不足，从而树立自信心。

一、活动区创设规划

区角设计概述

创设活动区可以为幼儿提供丰富多样的，多功能、多层次的活动环境，而且自主选择活动区，能够满足幼儿交往的需要，丰富幼儿的生活经验，激发幼儿尝试、探索的主动性。活动区的创设规划应以幼儿的兴趣和心理需求为出发点，支持鼓励幼儿自主选择、按照自己的意愿去操作和探索。活动区的创设规划要能够关注和照顾到每一个个体。幼儿是一个独立的个体，个性品质、性格特点各不相同，发现问题、解决问题的能力有较大差异，加之喜好有别。所以，活动区的创设规划要注意满足不同特点和心理需求的幼儿，让他们在活动中，以自己喜欢的方式去学习和发展。

（一）活动区的内容和数量

活动区的设置要有一定的目标性，教师要结合教育目标及各领域教学活动的目标来设置活动区。各幼儿园、年龄班的规模和空间不同，不同地区的幼儿园及幼儿对活动区创设的需求有别。教师应结合本地区、本园和本班的实际情况，创设满足幼儿需要的活动区。活动区的数量一般4~5个为宜，活动区所容纳的幼儿人数不超过5个为宜。受活动室面积限制，活动区不宜太多，但也不宜过少，过少幼儿无法选择，也不利于活动开展。为便于幼儿活动、取放材料，可以用图书架、玩教具收纳柜、操作台等作活动区的分隔物。作为空间分隔的家具应具有可移动性兼具稳定性，以增强空间布置的灵活性和安全性。为有效扩大活动区空间和种类，一些幼儿园利用门厅、走廊、阳台等创设活动区的方法具有借鉴意义。

（二）活动区的类型与布置

美国学者布良将活动区划分为四大类：静态且用水的活动区，如自然角、手工区、绘画区；动态且用水的活动区，如玩沙区、玩水区、烹饪区；静态不用水的活动区，如图书区、数学区、益智区；动态不用水的活动区，如音乐区、表演区、建构区。根据活动区性质与类型，教师在具体创设规划时，应尽可能把性质相近、类型趋同的活动区安排在相邻或相近位置。有实践者根据布良的描述，从两个维度考虑活动区的创设规划，称为"十字定位法"（图1-45）。一个维度是活动的性质，即静态和动态；另一个维度是活动的需求，即干性和湿性。干性是指活动对光源的要求较高，湿性是指活动需水，要靠近水源，如美术区就需要水，靠近水源，方便幼儿调色和清洗。该方法简便易行。图1-46是教师在实践中总结出的大班活动区适宜的位置规划示意图，较为直观。要说明的是，示意图仅表示各活动区所处相对位置、区与区的相邻关系，而非一次性创设的活动区。班级活动区的创设规划需根据幼儿要求和学期教育目标，分期分批、有计划有目的地进行，其中涉及班级常设活动区的设置及材料投放的问题。

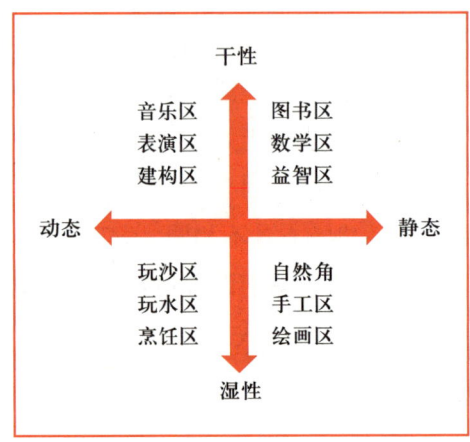

图1-45　十字定位法

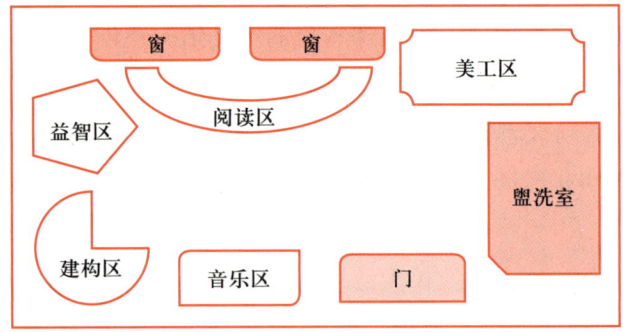

图1-46　活动区位置规划示意图

二、班级常设活动区环境创设

活动区的创设应基于幼儿的兴趣、需要和身心发展，尽可能满足本班幼儿认知、情感、交往、语言、动作等发展，并结合季节、教育活动进展等。班级常设活动区一般有社会体验区、阅读分享区、美术创意区、益智操作区、建构区、科学发现区、表演区。

（一）社会体验区环境创设

社会体验区是幼儿较偏爱的区域，因为它与生活相贴近，是幼儿所熟悉的。设置社会体验区，创设与幼儿生活相关的场景，可让幼儿通过操作扮演的游戏，从侧面了解社会，增加社会生活经验。

1. 社会体验区的特点

生活性：区域中有生活化的游戏环境和真实的或替代性的操作材料。

虚构性：幼儿在整个游戏过程中处于假想状态，模拟他们所了解的生活中的角色与情节，或者是他们假想出来的甚至在现实生活中不可能发生的情节。

性别差异性：男、女孩根据性别的差异各自选择自己喜欢的角色。

转换性：幼儿往往根据自己所扮演的角色，自觉不自觉地与其相关区域之间产生主动联系与交往，并可能在此基础上，打破班级界限，充分利用和分享不同的游戏资源。

自主性和创造性：幼儿在游戏中能按自己的意愿选择和扮演角色并自主活动，充分发挥想象力进行创造。

交往性：幼儿在各种社会情境中与其他幼儿互相交往，激发社会行为。

2. 社会体验区材料的投放

在创设社会体验区时，首先要明确这个区域可以涵盖哪些内容，根据这些内容投放相应的材料。社会体验区一般有娃娃家、商店（超市）、医院、餐厅、理发店、银行。教师可在相应的区域根据幼儿的身心发展特点投放适宜的材料。

娃娃家材料：大小不同的玩具娃娃、家具、衣物、餐具、炊具、食物、自制的小家电、电话等（图1-47）。

餐厅材料：碗、盘、筷子、勺、食品模型、食品名称标签、价格标签、角色服饰、钱币代用券、记录点菜用的纸、笔等（图1-48、图1-49）。

图1-47 娃娃家

图1-48 餐厅

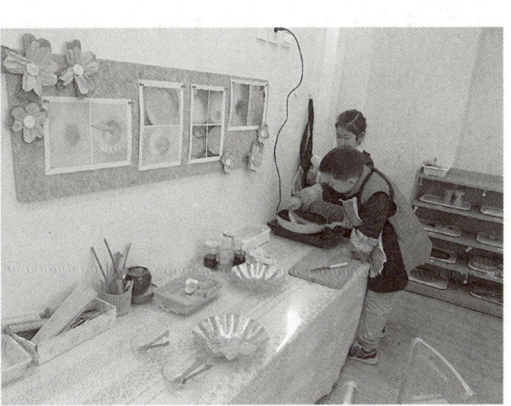

图1-49 餐厅烹饪区

医院材料：角色服饰、玩具血压计、针管、听诊器、药包、药瓶、药棉、绷带、笔、纸、本（可供幼儿自制病历使用）等。

理发店的材料：洗发用品、烫发用品、理发用具、理发室的服装、围裙、橡胶手套、镜子、各种发卡。

超市材料：水果、蔬菜、点心等模型，饮料、小食品等包装盒和包装袋；小汽车、娃娃、球等；各种儿童服装、鞋帽、饰品等；洗漱用具、清洁用具、炊具等；各种笔、本、书包、文具盒等；购物筐、购物袋、钱币代用券、收款机模型等。

银行材料：不同面值的钱币代用券、银行职员服饰、名签、小计算器、验钞机模型、电脑模型、装钱袋等。

3. 社会体验区环境创设的内容

社会体验区环境创设的内容包括图表（区牌、进区卡、区域规则等）、背景墙饰、装饰道具和场地等。以中班特色区域"快乐的跳蚤市场"为例，一是在区域入口处悬挂手工制作的区域牌，区域牌要设计美观，以吸引幼儿的兴趣；二是在区域入口处以儿童画形式呈现本区域活动规则，包括幼儿在市场如何利用手中的卡片进行玩具兑换等；三是在区域入口处放置小框子，里面装入教师设计制作的进区卡片，包括兑换卡片等；四是在区域中可分类摆放不同的玩具、道具，营造出市场的效果，利于幼儿进行角色体验。

阅读区设计

（二）阅读分享区环境创设

1. 阅读分享区的特点

封闭性：一般来说，阅读区是一个相对封闭的区域，设置在光线比较好的明亮的地方，比较安静。

转换性：与表演区有一定的转换性。如在讲故事的过程中，幼儿往往通过道具等进行角色表演。

2. 阅读分享区的材料投放

《幼儿园保育教育质量评估指标》中提到，"幼儿园配备的图画书应符合幼儿年龄特点和认知水平，注重体现中华优秀传统文化和现代生活特色，富有教育意义。人均数量不少于10册，每班复本量不超过5册，并根据需要及时调整更新。幼儿园不得使用幼儿教材和境外课程，防止存在意识形态和宗教等渗透的图画书进入幼儿园"。在阅读区可提供单幅画面的图书、单幅多页儿童故事书、识物类图书、故事类图书、简单的汉字与物体对应的图书；交通工具类、动植物类小图书、生活常见标识类小图书、迷宫类图书、动画类图书；描画本、卡通类书籍、常识类图书、益智类图书（图1-50）。

图1-50　阅读分享区

3. 阅读分享区环境创设的内容

制作阅读区区牌，在区牌旁设计制作图书阅览规则或制度展示板。在入口处可放置收纳盒，里面放入教师设计制作的阅读区进区卡和借阅卡；区域中可以将图书分类摆放在小书架上，使阅读区域看上去整齐、美观，还可以放置小沙发及靠垫等，为幼儿提供更加舒适的阅读体验。

（三）美术创意区环境创设

美工区设计

1. 美术创意区的特点

美术创意区是幼儿感受美、表现美的小天地，为幼儿的游戏、学习与创作提供适当的环境和条件，营造良好的艺术氛围，使幼儿自由地观察、欣赏不同的艺术品，选用不同的工具和材料，并根据自己的兴趣和意愿与同伴友好地合作，在宽松、愉快的环境中尽情发挥创造性思维，发掘他们的创造潜能，有条理地进行各种美工活动，创造性地表达自己的情感与认识，从而塑造幼儿的审美能力。美术创意区活动内容丰富，有绘画、印画、版画、折纸、剪纸、粘贴等，需要的材料和工具也很多，有各式各样的笔、纸、颜料，各种工具及辅助材料等。

2. 美术创意区材料投放

玩色材料。幼儿对各种颜料的喜爱与生俱来，对色彩的感知有自己的喜好，从无意识的涂鸦到用心的描绘都是幼儿对色彩钟爱的表现。水粉、水彩、丙烯、国画颜料是幼儿喜欢且易操作的。这些颜料需要用水调和，因而小水桶、调色盘、围裙袖套、毛巾都是必不可少的。不同的颜料再配以合适的纸和笔，可让幼儿在涂鸦、拓印、印染、油水分离等制作过程中感受不同颜料、大小不同的笔刷、不同质地的纸张带来的玩色效果（图1-51）。

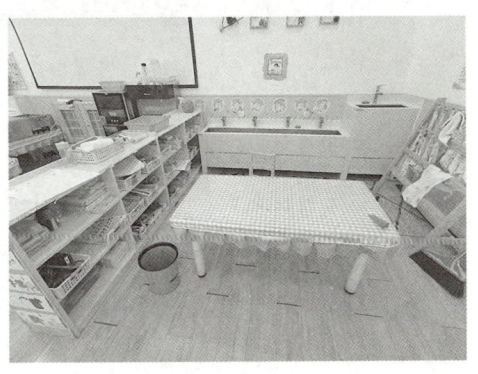

图1-51　玩色区

　　绘画材料。绘画的过程也是幼儿认知的过程。随着语言能力和思想认识的提高，幼儿对周围的事物充满了好奇，他们需要通过画画来表达自己的感受，展示和表现自己的兴趣。可提供的绘画材料包括各种材质的纸、马克笔、重彩棒、丙烯笔、水彩颜料、国画颜料等（图1-52，图1-53）。

图1-52　绘画区

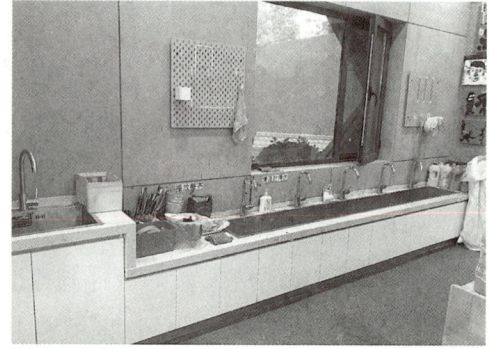

图1-53　清洁区

　　手工材料。手工活动深受幼儿喜爱。幼儿手、眼、脑同步进行，通过剪、贴、拼、搓、揉等操作各种材料，在此过程中激发了幼儿的创造力、丰富了幼儿的思维想象力、锻炼了幼儿动手操作的技巧与能力，培养了一定的空间感和立体感，还促进了幼儿彼此之间的合作精神。可提供的手工材料包括各种纸材、黏土、安全剪刀、饮料瓶、一次性纸杯等废旧材料（图1-54）。

图1-54　手工区

3. 美术创意区环境创设的内容

　　本区域的设置是为了通过美术的形式引导幼儿以发散思维形式进行美术类作品制作，以创意绘画、创意手工为主，培养、提升幼儿的创新意识。创设制作本区域区牌、进区卡，并在区域入口处设计制作区域规则展示牌。为了体现本区域的特色环境，可以在区域中悬挂具有创意的手工制作挂饰，地面可以铺设有创意图案的塑胶地垫，背景墙上可以粘贴幼儿自己绘制的作品，区域中也可以陈设幼儿自己制作的立体造型等。

（四）益智区环境创设

益智区是幼儿非常喜爱的一个区域，益智区的材料多半是需要幼儿开动脑筋的，让幼儿"在玩中学、在学中玩"（图1-55）。

图1-55　益智区

1. 益智区的特点

挑战性：益智区的内容往往与动脑、动手解决问题有关，在能力与思维发展上对幼儿有一定的挑战性。在区域内容安排上，小班以动手操作为主，如穿线板、系扣子等，中、大班则在培养幼儿观察、记忆、思考能力，提高幼儿初步的推理和判断能力方面增加难度。

性别差异性：小班的女孩比男孩更喜欢玩动手操作类的益智游戏，到了中、大班，男孩则更喜欢玩具有挑战性和竞赛性的游戏，如棋类益智游戏。

竞赛性：有的游戏需要幼儿两两结对进行，而且往往要分出输赢。

转换性：很容易同科学区进行转换。

2. 益智区的材料投放

简单的动物、水果、蔬菜、物品或基本几何图形的整体图形嵌板的拼图，2~4块的组合拼图。

简单的迷宫图案、迷宫模型。

穿孔类材料、镶嵌类材料、拼拆类材料、平面拼图、迷宫类玩具、套式玩具、棋类玩具、掷股子棋、轮盘棋、分类盒、排序推理玩具配对、接龙玩具。

3. 益智区环境创设的内容

益智区是中、大班幼儿喜爱的区域，益智区的玩具多是需要幼儿开动脑筋的，让幼儿"在玩中学、在学中玩"。在区域入口处制作本区域区牌、进区卡、区域活动规则（可以展示板形式立于区域入口处），背景墙上可以粘贴一些益智玩具，既可以装饰环境，又可以让幼儿玩耍。投放的益智类材料按类别放置在收纳搁架上，区域中间要留有幼儿与活动材料互动的空间。

建构区设计

（五）建构区环境创设

建构区重在发展幼儿的建构能力，学习建构技法。幼儿在建构区可以认识基本形状、数量关系等，尝试各种不同的建构材料、技法，激发创造力和想象力（图1-56）。

图1-56 建构区

1. 建构区的特点

互动性：幼儿常与同伴进行协商合作与分享。

创造性：幼儿可以创造出各种各样的设施、建筑造型等。

性别差异性：男孩更喜欢玩建构游戏。

相对吵闹：由于活动中建构材料很容易倒塌或碰撞，因而，区域活动时噪声相对较大，容易干扰其他区域的活动。

延展性：根据活动进展和需要，保留作品，供下次活动时继续。

2. 建构区的材料投放

积木、积塑、板材、硬纸板、木板、塑料板等，模型玩具、废旧材料。

3. 建构区环境创设的内容

在活动室选择靠近门口的区域或走廊的角落创设建构区，场地空间要宽敞。制作区牌、进区卡、区域规则和活动卡。墙面可以是建筑造型的平面或浮雕形式的画面，与建构区的活动内容和谐统一。为了减少幼儿在进行活动时材料碰撞发出的噪声，地面可铺设活动地垫或地毯。材料收纳柜要摆放在合理的位置，最好是靠墙不易使幼儿推倒的地方，另外要保证活动材料的数量，场地面积与幼儿数量成比例。

（六）科学发现区环境创设

科学发现区设计

科学发现区通过各种科学小游戏及数学操作活动，从小培养幼儿对科学探索的兴趣，发展幼儿数学能力和动手操作能力等（图1-57）。

图1-57　科学发现区

1. 科学发现区的特点

操作性：幼儿在科学发现区中通过操作性的探索与发现来获得对周围世界的认知或提升科学经验。

转换性：与益智区转换的频率较大。

认知性：幼儿通过操作探索能够获得科学知识与能力。

2. 科学发现区的材料投放

可投放动物模型、标本、图片等，如昆虫标本、动物及人体模型或图片、饲养角中的胎生、卵生动物，恐龙标本、模型和图片等；树叶、树皮、花、草、水果及植物图片或标本等；记录纸、记录笔、天平、匙、铲、勺、瓶、罐、筛滤器、漏斗、量杯、镊子、喷壶等；放大镜、望远镜、显微镜、太阳镜等，温度计，有关磁铁、水、力、空气、光影子的材料等；有关生态平衡、大气污染等方面的图书、图片等。

3. 科学发现区环境创设的内容

科学发现区的背景墙面上可以绘制有关宇宙航天、星辰大海等主题的画面，也可以粘贴幼儿收集到的有关科技发展方面的图片。围绕主题活动可以在区域的顶上悬挂立体造型，如围绕"探索太空"悬挂宇航员、各类星球、太空飞船等立体造型。制作区牌、区域规则等标识，设置收纳柜，投放适宜的活动材料和探究工具。科学发现区要为幼儿创设自然宽松的科学探究氛围，尊重幼儿的好奇心，引导幼儿尝试和挑战，帮助幼儿培养初步的科学探究能力。

（七）表演区环境创设

角色扮演区设计

表演区也是幼儿极喜爱的区域之一。在表演游戏中，幼儿可以充分发挥自己的想象，与同伴交往并获得快乐体验（图1-58）。

图1-58 表演区

音乐表演区设计

1. 表演区的特点

娱乐性：幼儿的表演往往是比较随意的、自娱自乐的。

互动性：幼儿常一起合作表演，同伴间体现出较强的互动性，尤其是中、大班幼儿，可以分工合作制作服装道具等进行角色表演。

性别差异性：多数女孩喜欢玩表演区的游戏，喜欢到此区活动的幼儿相对固定，而有些幼儿较少到表演区活动。

2. 表演区的材料投放

各种风格的音乐；铃鼓、撞钟、舞板、双向筒、三角铁、小鼓、大鼓、沙锤等乐器，自制奥尔夫乐器，如用易拉罐等自制的沙锤、串铃、笛子、响板等；各种废旧的杯子、瓶子、盒子等不易破碎的生活用品；偶类玩具，如常见人物、动物的手偶、指偶、掌偶等；与表演内容相对应的常见人物、动物、自然现象的头饰；头花、发卡、皮套、头套、纱巾、帽子、眼镜、金银贴等；各民族服装、饰品、扇子、哈达、腰鼓、手鼓等；京剧脸谱面具、纱巾、披风、饰品、彩绘笔等京剧表演所需材料。

3. 表演区环境创设的内容

搭建一个有艺术氛围的小舞台或小剧场，悬挂区牌，侧旁设置收纳柜，前面呈现进区规则。提供与音乐欣赏和表演活动相关的材料和设备，为幼儿提供展示的场所。教师要不断提高音乐素养，敢于表现和创新，积极带动幼儿对音乐、舞蹈、表演等艺术形式进行探索和表现。

三、区域环境材料投放注意事项

在创设区域环境时，材料的投放除了需遵循相关原则外，还应注意以下几点。

（一）数量适当，规则明确

各区域中的材料数量应当与使用的人数相配套，各区域的材料应当力求摆放整齐、条理，一目了然，让幼儿不必时时处处都依赖教师的指示。比如，一个篮子（盘子、盒子）只放一种材料，并贴上标签或记号，整齐地摆放在架子（柜子、格子）上，幼儿一看就知道材料是做什么用的，同时也暗示幼儿用完材料后要按照原来的摆法整齐地归放至原位。这样一来，幼儿在区域中取放材料时，不但不会在一堆物品中翻来翻去造成场面混乱，还可以形成幼儿的独立自主能力和良好的规则意识，培养其有序工作、轮流分享的行为习惯。

（二）资源多样，材料多元

1. 利用日常积累收集材料

日常生活中，只要教师用心留意，随处可见区域活动需要的材料。比如，矿泉水瓶、易拉罐、包装纸、礼品盒、旅游景点资料、各种精美的小玩具等，都可能成为区域活动的原始材料或半成品。如果平时注意收集整理，用时就不会忙乱应付了。有些材料可以是长期注意收集的，如矿泉水瓶、旅游资料；有些材料可以是某类活动前特别注意收集的，如为"娃娃家"收集小饰品。根据本园本班的情况，可以安排一些空间存放这些材料，并定期整理、筛选、更换。善于做好平时的点滴积累，做到有备无患。

2. 发动家长参与收集材料

善用家长资源是幼儿园工作取得良好效果的重要法宝之一。要进行区域环境创设，需要的材料多而杂，教师要善用家长资源与力量，发动家长共同参与收集材料的工作。比如，教师把区域环境布置所需的物品列出清单，请家长和幼儿在日常生活中有意识地收集。在这一过程中，教师要做好沟通工作，以发挥材料收集对幼儿的教育价值，且避免引起家长的反感。这时就需要教师发挥沟通与交往的能力，做好家长的工作。

　　总之，要根据教学实际需求，从实际出发，争取家长支持，挖掘一切可利用资源，低耗高效地创设区域环境，促进幼儿全面发展。没有材料的支持，区域环境形同虚设。因此，如何投放材料是区域环境创设的关键，在区域环境创设过程中，教师必须在材料的投放方面集思广益、多下功夫。教师要认真分析区域环境与材料投放的联系，深入研究投放区域材料的策略，更好地发挥区域环境的功能，促进幼儿的发展。

案例分析

　　案例描述：班上的汤汤小朋友很喜欢画画，平时一有空就会搬着椅子跑到美工区。上周，美工区添加了许多新的材料，大家都想去玩。这天，汤汤也像往常一样搬着椅子准备到美工区去，就在这时候，涛涛比他快一步到达美工区，抢了里面的最后一个座位坐下来。汤汤也不示弱，一边大声说"我先来的"，一边用自己的椅子去挤涛涛的椅子。两个人激烈地争吵起来。教师看到后急忙走过去对汤汤说："涛涛已经坐下来了，你就选其他的游戏吧。"汤汤很不情愿地走开了。不久，教师发现汤汤一动不动地坐在角落里，就和蔼地问他："你怎么不玩其他游戏呀？"汤汤嘟着嘴巴说："我还是想画画。"教师微笑地对他说："不光美工区可以画画，自然角也有东西可以画画呀。走，我们去看看。"接着，教师把汤汤领到自然角，指着自然角的小蝌蚪和观察本鼓励他说："你可以把看到的画下来。"汤汤点点头，开心地拿来水彩笔，专心地观察、画画。

　　分析：从整个过程我们可以看出，教师以幼儿为中心，以幼儿的兴趣爱好为依托，用幼儿乐于接受的方式支持幼儿的活动。教师很巧妙地扩展了幼儿画画的空间，解决了幼儿之间的纷争，营造了良好的班级氛围，也让我们看到了区域活动的转换及区域环境是怎样发挥其教育价值的。

（1）结合实际，以举例方式谈谈你对区域环境创设及材料投放的认识与理解。

（2）拍摄一幅幼儿园班级某区域环境照片，并与同座相互交换，说明和分析区域环境创设的优缺点，提出你的意见或建议。

1．[单选题]（   ）让幼儿通过操作扮演的游戏，从侧面了解社会，增加社会生活经验。

A．科学发现区   B．社会体验区
C．益智区   D．美术创意区

答案：B。

解析：社会体验区是幼儿较偏爱的区域，因为它与生活相贴近，是幼儿所熟悉的，设置社会体验区，创设与幼儿生活相关的场景，可让幼儿通过操作扮演的游戏，从侧面了解社会，增加社会生活经验。

2．[单选题]为促使幼儿体验感官和情绪的舒展并增强对色彩、线条、构图等理解而设置的区域是（   ）。

A．游戏构建区   B．社会体验区
C．益智活动区   D．美术创意区

答案：D。

解析：美术创意区是幼儿感受美、表现美的小天地，为幼儿的游戏、学习与创作提供适当的环境和条件，营造良好的艺术氛围，使幼儿自由地观察、欣赏不同的艺术品，选用不同的工具和材料，促使幼儿体验感官和情绪的舒展并增强对色彩、线条、构图等的理解。

3．[单选题]提供拼图、七巧板、迷宫、棋类、扑克牌、几何拼盘、图片等材料让幼儿操作的区域是（   ）。

A. 科学区　　　　　　　　　　　　B. 思维区

C. 益智区　　　　　　　　　　　　D. 数学区

答案：C。

解析：益智区的内容往往与动脑、动手解决问题有关，在能力与思维发展上对幼儿有一定的挑战性。益智区可投放拼图、七巧板、迷宫、棋类、扑克牌、几何拼盘、图片等材料。

班标、区牌、区域规则

创设内容提要：幼儿园班标是班级之间相互区别与特色彰显的重要标识。区牌是活动室内各个区角的标识。在制作时，为了活动室环境创设的统一性，要求各个区牌在表现形式、字体运用、色彩搭配等方面要一致，这样才能保证活动室内环境风格的一致性。

工具材料：彩色卡纸、无纺布、马克笔、剪刀、胶棒、热熔胶等。

参考实例：入区卡（图1-59）；班标（图1-60）；区牌及区域规则（图1-61）。

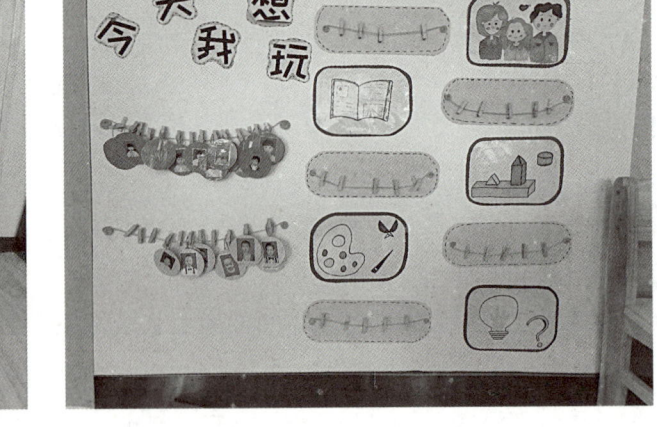

图1-59　入区卡

图1-60　班标

图1-61　区域规则

课外
拓展

我爱蛋蛋乐

　　这是一个散发着自然、温馨气息的"家"。客厅里有粉红的桌子和椅子,粉红的窗帘和墙壁,还有粉红的镜子和围裙;厨房里有活动的橱柜、电器,还有小小的水池和操作台;餐厅里有好看的挂饰,美美的壁画……这就是我们幼儿园的"贝贝生活之家"。生活之家以幼儿喜爱的粉色为基础色调。每当走进生活之家，一种自然、生活、温馨的氛围便扑面而来，幼儿由衷地赞叹："真美呀！""我就喜欢来这里。"在教师的引导下，幼儿观察活动材料：蒸蛋区，有微波炉、鸡蛋若干、小碗、打蛋器、调料等；煮蛋区，有煮蛋器、鸡蛋若干、刀具、砧板、葡萄、香蕉等；煎蛋区，有鸡蛋若干、打蛋器、调料等；鸡蛋汤区，有玻璃大碗、打蛋器、鸡蛋若干、调料等。幼儿在观察中自由交流，选择自己最喜欢的活动项目，很快进入"工作状态"。经过紧张愉快的操作，美味的鸡蛋自助大餐开始啦！幼儿脸上挂着兴奋的笑容，他们拿着小碗、小勺，尽情享用自己的劳动成果，他们品尝着、交流着，因成功而获得的幸福感溢于言表。

生活之家的寓意为环境中的每一个区域、每一个角落都充满生活情趣。由此我们力求使幼儿进入生活之家便有一种"如家"的感觉，有一种"想问"的强烈好奇心，更有一种"要做"的探索欲望。环境创设绝不是一劳永逸的事情，而是动态的，要随着活动内容的发展而变化，因而必须根据具体的活动内容对环境进行再创设，使幼儿进入生活之家便可以感知到环境的变化，自发地与环境展开互动，并产生强烈的探索欲望。如在进行"我爱蛋蛋乐"的探索活动之前，教师和幼儿一起创设了"有趣的蛋宝宝"和"谁会下蛋"的墙饰，有效地引发了幼儿的探索欲望。生活之家每一次活动的开展，都需要大量的活动材料来保障幼儿"工作"的正常进行，材料的引导性、探索性及安全卫生是最基本的原则。材料的引导性不是教师的语言指点，而是内化在材料中的"指路"线索。在"我爱蛋蛋乐"活动中，教师将材料分为四组：蒸蛋组、煮蛋组、煎蛋组及鸡蛋汤组，并根据每一组的"工作"目标提供相应的材料。当幼儿走进"贝贝生活之家"，这些分区呈现的材料使幼儿产生了要看一看、想一想、做一做的强烈愿望，他们透过这些具有引导性、探索性的材料，逐渐自主地发现"工作"目标，进而开始探索活动。

"贝贝生活之家"的各种活动，往往需要幼儿有极大的勇气和耐心。因此，教师在指导幼儿活动的过程中，应充分把握好自己的角色定位，做幼儿活动的引领者、支持者，使幼儿乐于分享他们的失败与成功。从预设材料到幼儿"工作"中材料的选择，教师都应充分尊重幼儿的想法，鼓励幼儿自主，并积极支持幼儿探索的方式方法。只有这样，才能营造和谐的氛围，幼儿在活动中才能平和、自信、充满勇气。

项目二

2

幼儿园心理环境创设

《学前教育专业师范生教师职业能力标准（试行）》在"营造心理环境"模块中提到，"理解教师的态度、情绪、言行在幼儿园及班级心理环境形成中的重要性。能够构建和谐的师幼关系，帮助幼儿建立良好的同伴关系，营造良好的班级氛围，让幼儿感受到安全、舒适"。

心理环境和物质环境共同构成了幼儿园教育环境整体。与显性、直观的物质环境相比，在很多情况下，心理环境是看不见、摸不着的隐性环境，容易被忽视，但却对身处幼儿园的教师和幼儿，特别是对幼儿的心理活动、社会行为，乃至整个幼儿园教育有着巨大的影响力。这种影响力决定着幼儿的社会适应能力和应变能力能否有效形成，决定着幼儿的潜能是否最大限度地得到发掘，决定着幼儿全面发展能否实现。

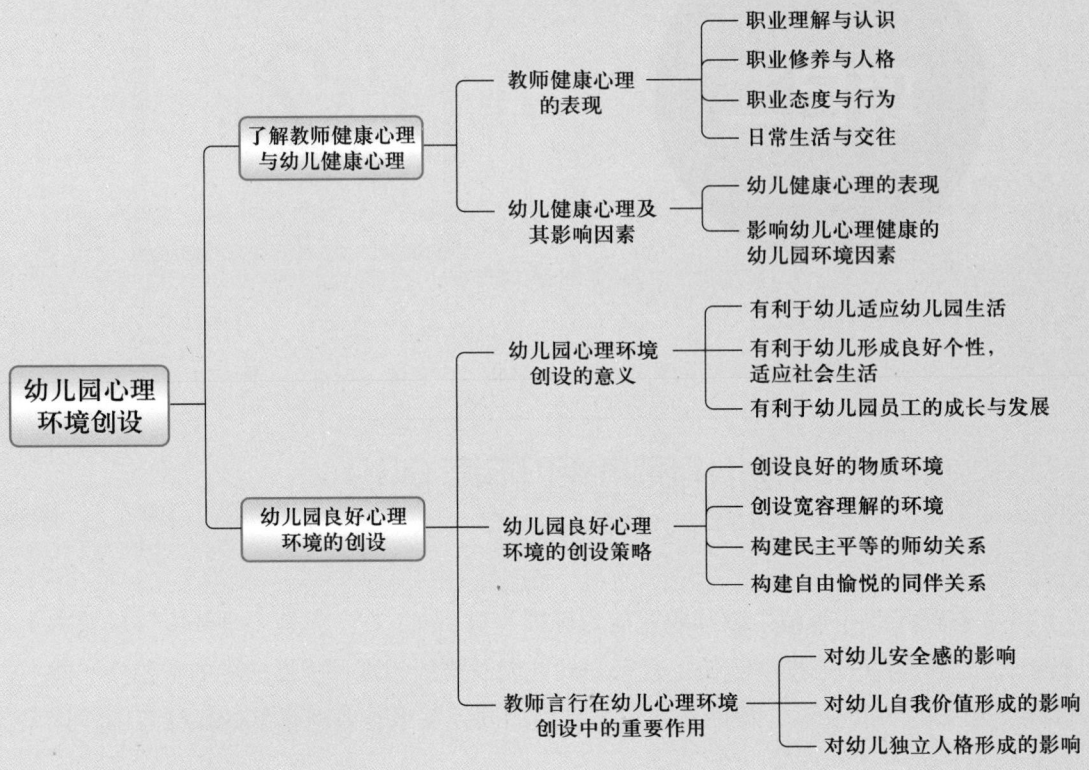

职业理解与认识

职业修养与人格

教师健康心理
的表现

职业态度与行为

日常生活与交往

了解教师健康心理
与幼儿健康心理

幼儿健康心理的表现

幼儿健康心理及
其影响因素

影响幼儿心理健康的
幼儿园环境因素

有利于幼儿适应幼儿园生活

幼儿园心理环境
创设的意义

有利于幼儿形成良好个性，
适应社会生活

幼儿园心理
环境创设

有利于幼儿园员工的成长与发展

创设良好的物质环境

幼儿园良好心理
环境的创设

幼儿园良好心理
环境的创设策略

创设宽容理解的环境

构建民主平等的师幼关系

构建自由愉悦的同伴关系

对幼儿安全感的影响

教师言行在幼儿心理环境
创设中的重要作用

对幼儿自我价值形成的影响

对幼儿独立人格形成的影响

知识目标

☐ 了解教师和幼儿健康心理的表现。

☐ 掌握影响幼儿心理健康的幼儿园环境因素。

☐ 领会幼儿园心理环境创设的意义。

能力目标

☐ 掌握幼儿园良好心理环境创设的途径。

☐ 能建立民主平等的师幼互动环境。

☐ 能为幼儿营造自由愉悦的同伴互动环境。

素质目标

☐ 深刻理解幼儿保教工作的价值和意义，热爱幼儿教育事业。

☐ 认同幼儿园教师的专业性和独特性，形成良好的职业道德修养。

☐ 关爱幼儿，重视心理环境对幼儿健康成长的重要价值，拥有专业的教育态度和行为。

任务一　了解教师健康心理与幼儿健康心理

情境
导入

如何分辨?

随着网络媒体的发达，人们接受信息的媒介增多，有关幼儿教育的信息不断出现在人们的视野中，其中有正面的，也有负面的。幼儿的心理健康需要得到社会的重视，更应引起教师的注意。教师需要具有及时发现幼儿心理健康问题的能力，做到防患于未然。另外，教师自身的心理健康问题也会影响到幼儿的身心健康。所以，教师首先要拥有一个健康的心理。那么，教师的健康心理及幼儿的健康心理表现是什么？在幼儿园中，教师的一举一动又是如何影响幼儿的心理健康呢？

幼儿园心理环境指由幼儿园物质环境、文化环境、人际关系等因素构成的特有的心理氛围。心理环境是一种隐性的教育因素，教师所营造的心理氛围和对幼儿的态度都会对幼儿的情感、意志和行为产生潜移默化的影响。教师的教育言行只有符合幼儿的年龄特点和身心发展规律，能够满足幼儿的心理需要，幼儿才会与教师产生积极的互动，从而形成和谐、融洽的心理氛围。

一、教师健康心理的表现

教师是教的主体，教师的一言一行、一举一动，不仅直接或间接地影响着幼儿的心理与行为发展，也对自身工作的态度有很大的影响或暗示作用。教师必须拥有健康的心理，进入积极的工作状态，促进幼儿健康心理发展。依据《幼儿园教师专业标准(试行)》和《学前教育专业师范生教师职业能力标准（试行）》，幼儿园教师的健康心理主要表现在以下四个方面。

（一）职业理解与认识

教师要具有家国情怀，乐于从教，深刻理解幼儿保教工作的价值与意义，热爱幼儿教育事业，具有崇高的职业理想和敬业精神；认同幼儿园教师的专业性和独特性，有良好的职业道德修养；具有团队合作精神，积极开展协作与交流。

（二）职业修养与人格

教师需掌握一定的自然和人文社会科学知识，传承中华优秀传统文化，具有人文底蕴、科学精神和审美能力。有正确的人生观、教育观、儿童观，以身作则、为人师表；具有健全的人格，乐观向上、热情开朗、胸怀坦荡，言行一致、表里如一；有坚定的信念、顽强的意志，正确了解自我、认识自我和悦纳自我，善于自我情绪

教师健康心理的表现

92

调节，保持平和心态。

（三）职业态度与行为

教师需关爱幼儿，富有爱心、责任心、耐心和细心，做幼儿健康成长的启蒙者和引路人，公正平等地对待每一名幼儿，关注幼儿成长，保护幼儿安全，促进幼儿身心健康发展。尊重幼儿的人格和权利，保护幼儿在游戏时的自主性、独立性和选择性，关注个体差异，相信每名幼儿都有发展的潜力，乐于为幼儿创造发展的条件和机会。

（四）日常生活与交往

教师应有亲和力，善于与人相处，乐于与人相处，真诚地与他人沟通，有和谐良好的人际关系；情绪乐观、稳定，热爱生活，积极向上；不将生活中不愉快的情绪带到工作环境中，不迁怒于他人；仪表整洁，语言规范，举止文明礼貌，符合教师礼仪要求和教育、教学场景要求。

二、幼儿健康心理及其影响因素

幼儿期是个体身体发育和机能发展极为迅速的阶段，也是形成安全感和乐观态度的重要阶段。发育良好的身体、愉快的情绪、强健的体质、协调的动作、良好的生活习惯和基本生活能力，是幼儿身心健康的重要标志，也是幼儿学习与发展的基础。

幼儿心理健康及其影响因素

（一）幼儿健康心理的表现

幼儿心理健康表现为整个心理活动和心理特征的相对稳定、相互协调、充分发展，并与客观环境相统一和适应。一般来说，幼儿心理健康主要有以下几个表现。

1. 智力发育正常

有正常的智力活动。求知欲强，喜欢提问并积极寻求解答；喜欢表达，愿意倾听，乐于与他人讨论问题，敢于在众人面前说话；对看过的图书、听过的故事能说出自己的看法；乐于想象和创造，喜欢自己动手做事。

2. 能够与人友好相处

乐于与人交往，能适应幼儿园生活；能与周围人友好沟通，乐于交往，有良好的同伴关系，有爱心、同情心，对人友好；自觉遵守游戏规则，有基本的社会规则意识，与同伴发生冲突时能自己协商解决。

3. 情绪愉快而稳定

天真活泼，性格开朗，心情愉快，心地善良，能控制自己的情绪；不乱发脾气、摔打玩具或其他什物。

4. 生活起居规律正常

有按时睡觉、起床的习惯；有一定的独立性，能够独立完成任务；有良好的生活卫生习惯。

（二）影响幼儿心理健康的幼儿园环境因素

影响幼儿心理健康有很多因素，包括家庭环境因素、躯体健康因素、社会环境因素及幼儿园教育环境因素等。幼儿对家庭气氛和家庭成员之间的关系比较敏感，家长日常的生活习惯、思想意识等，对幼儿个性和品德等方面的影响比较明显；幼儿的身体健康会直接影响心理健康，自幼体弱多病及营养不良会不同程度地影响心理健康；幼儿长时间与其他幼儿或外界陌生环境接触交流较少，造成幼儿与社会隔离，可能会影响幼儿的社交能力，进而影响心理健康；幼儿园中的师幼关系、同伴关系、环境创设都会影响幼儿的心理健康。

1. 师幼关系

师幼关系可以分为和谐融洽、淡漠游离、疏远对抗三种类型。其中，淡漠游离、疏远对抗是师幼关系中不健康、也不正常的现象。尽管这种现象是鲜见的，或短暂、偶发的，但是对于心智尚未健全的幼儿而言，依然会心存压力，如果教师疏于观察和改善就会导致幼儿身心受损，如生理功能紊乱，身体不适，产生饮食、睡眠障碍；肌肉紧张性疼痛，对幼儿园产生惧怕心理等；心理功能下降，记忆力、注意力、思维能力降低等；负面情感增加，造成心理紧张、烦恼、易怒、焦虑等不良情绪；情感迁移泛化，或迁怒于他人或形成抑郁状态等。可见，师幼关系直接作用于幼儿心理与行为，幼儿会因教师的亲近、关怀、鼓励而高兴、自信、活跃，也会由于教师的疏远、拒绝、冷淡而沮丧、自卑、易怒。

2. 同伴关系

大量研究结果表明，良好的同伴关系是幼儿亲社会行为发展的基本途径、心理健康的必备前提。健康的同伴关系应该是和睦相处、互助互爱、合作分享，这样的同伴关系有助于幼儿形成和发展积极的自我概念，并且乐观、积极、合作、分享、友爱，为适应社会生活打下良好基础。

同伴交往中存在多层次的交往类型，它是由幼儿同伴交往发展水平决定的。幼儿行为分为积极行为和消极行为。积极行为包括友好、帮助、分享、合作、同情、谦让；消极行为包括自我中心、打人、说难听话、抢占玩具、招惹他人、吵闹、引起冲突等。可见，组建良好的班集体、形成良好的同伴关系、促进其亲社会性行为正常发展是非常重要的。

3. 幼儿园环境创设

在幼儿园中创设宽敞的室内和户外活动空间，创设自主的区域环境，对促进幼儿的个性发展起着重要作用。幼儿在自主快乐的环境中进行游戏活动，能放松心情，产生美好体验，对经历过的事会留下深刻的印象，而且不容易疲劳，保持较高的活动效率。

综上所述，影响幼儿心理健康的因素有很多，教师的健康心理、和谐的师幼和同伴关系，以及良好的幼儿园环境创设是关键。

案例描述： 小宝是一个非常聪明的小男孩，有很强的记忆力，学知识很快。他从小跟姥姥在一起生活，老人虽文化水平不高，但把小宝照顾得无微不至，从不放手让他自己去玩，对他百依百顺。小宝父母因为平时工作忙，对他的教育顾及甚少。在幼儿园，小朋友不小心碰了小宝，他就放声大哭；小朋友跟他开玩笑，说姥姥不来接他，他也哭；老师让小朋友学着叠被子，他不会叠，哭；让他学着做值日，他说不会，让他跟小朋友学，他哭……而且在幼儿园，和小朋友交往很少，不爱跟大家说话，自己坐一边，不肯参加班里的活动，大家玩玩具，他想玩，却不敢跟大家在一起。

分析： 由于老人对孩子照顾太多，使小宝在生活技能方面缺乏必要的锻炼，导致他自理能力差。周围同龄小伙伴少，很少和其他孩子在一起，使他不知道如何跟大家相处。遇到事情总想着让姥姥帮忙，姥姥不在身边，他便不知道如何是好，只能用哭来发泄心中的不愉快。针对这些现象，幼儿园老师要做好家长工作，请家长在家多给孩子锻炼的机会，给他自由支配的时间，让他做一些力所能及的事；锻炼孩子基本的生活技能，让孩子多和同龄人在一起，学习必要的交往技能；为孩子营造宽松和谐的生活氛围，给予必要的心理支持；另外发扬其长处，树立其自信。根据小宝记忆力非常好的条件，平时在组织教育活动时，老师给他提供展示自己的机会，让他复述故事；由于小宝生活技能比较差，老师要经常给予个别指导，如教他如何叠被子，如何做值日，如何整理自己的物品，等等。这些做法营造了一个使小宝感到轻松愉悦的心理环境，从而使他在各个方面都能更快地适应幼儿园的集体生活并使自身得到良好的发展。

思考
练习

　　幼儿园的小王老师在上班路上丢了新买的手机。玲玲跑过来开心地跟老师问好说："王老师好！"小王老师还沉浸在丢手机的苦恼中，好像没听见。玲玲失落地回到了座位上。小王老师听见孩子们叽叽喳喳，心里更烦了，就大声地说道："不许说话，回座位等着。"孩子们不知道发生了什么事，看见小王老师不高兴的样子都蔫了下来……

　　小王老师的做法有何不妥？如果是你将如何调整自己的心态？

国考
模拟

　　1.［单选题］良好的（　　　　）是幼儿亲社会行为发展的基本途径、心理健康的必备前提。

　　A. 师幼关系　　　　　　　　　　　　B. 父母关系

　　C. 同伴关系　　　　　　　　　　　　D. 家园关系

　　答案：C。

　　解析：大量研究结果表明，良好的同伴关系是幼儿亲社会行为发展的基本途径、心理健康的必备前提。健康的同伴关系应该是和睦相处、互助互爱、合作分享，这样的同伴关系有助于幼儿形成和发展积极的自我概念，并且乐观、积极、合作、分享、友爱，为适应社会生活打下良好的基础。

　　2.［单选题］良好的（　　　　）环境，有利于形成协调的人际关系，使员工乐于从事自己的学习和工作。

　　A. 心理　　　　　　　　　　　　　　B. 物质

　　C. 室外　　　　　　　　　　　　　　D. 室内

　　答案：A。

　　解析：民主、向上、和谐的心理环境，有利于同事间的交流互动，使员工身心放松、精力饱满地投入工作。

实践操
作案例

问 候 卡

创设内容提要：每个幼儿在幼儿园里都有属于自己的柜子。为了让大家一眼就能辨认出自己的柜子，老师可以制作一些有趣的问候卡。在透明的文件夹里放入写好"早上好"和"再见"的问候卡，然后放在每个幼儿的柜子里。入园时把卡片翻到写有"早上好"的那一面；离园时取出柜子里的幼儿的衣帽等物品后把卡片翻至"再见"的一面放在柜子里。虽然只是一张小小的卡片，但能让幼儿感受到被尊重、被重视，从而期望第二天的"再见"。

工具材料：透明文件夹、彩色卡纸、马克笔、胶棒等。

参考实例：图2-1。

图2-1 问候卡

课外
拓展

儿童心理健康的标准

培养孩子的目的是促进孩子身心健康。儿童的身体健康问题，可以通过他的身高、体重、头围、胸围、饭量及睡眠的时间等来进行评估。而儿童的心理健康问题，则需要从以下六个方面来进行评估。

1. 动作发展正常

动作发展与脑的形态及功能的发育密切相关，幼儿躯体大动作和手指精细动作的发展水平处于正常范围是心理健康的基本条件。

2. 认知发展正常

一定的认知能力是幼儿生活与学习的重要条件。幼儿阶段是儿童认知发展极为迅速的时期，所以应避免因各种原因造成的脑损伤或不适宜的环境刺激，防止幼儿产生不健康的心理。

3. 情绪健康，反应适度

情绪健康是心理健康的重要组成部分，积极的情绪状态可以提高幼儿活动的效率。同时，积极的情绪状态反映了中枢神经系统功能的协调性，亦表明个体的身心处于良好的平衡状态。幼儿的情绪具有很大的冲动性和易变性。随着年龄的增长，情绪的自我调节能力有所增强，稳定性逐渐提高，并开始学习合理地发泄消极的情绪。

4. 人际关系融洽

幼儿之间的交往是维持心理健康的重要条件，也是获得心理健康的必要途径。心理健康的幼儿乐于与人交往，能与同伴合作，在游戏中能够谦让待人。

5. 性格特征良好

性格是个性最核心、最本质的表现，它反映在对客观现实的稳定态度和习惯化了的行为方式中。心理健康的幼儿，一般具有热情、勇敢、自信、主动、合作等性格特征。

6. 没有严重的心理卫生问题

幼儿发育不完善，极易产生心理问题。幼儿不健康的心理往往以各种行为方式表现出来，诸如吮吸手指、遗尿、口吃、多动等。心理健康的幼儿应没有严重的或复杂的心理卫生问题。

（资料来源：高庆春. 学前儿童健康教育［M］.
4版. 北京：高等教育出版社，2022.）

任务二　幼儿园良好心理环境的创设

浩浩的进步

　　浩浩今年四岁半，和其他男孩子一样，特别喜欢枪棒类的玩具。一次手工活动，老师教小朋友们折太阳花，浩浩却把要用的折纸当成飞镖扔起来，并且四处乱跑，引来很多男孩子的效仿。老师并没有立刻批评和怒斥他，而是告诉浩浩，如果安静下来，老师就给他变出一把小手枪。于是，很多男孩都围了过来。老师把折好的太阳花又折叠了几下就改成了小手枪，孩子们兴奋不已，要求老师教他们折手枪。老师说折手枪的方法和太阳花是相同的，只是最后的组合方法不同。浩浩回到座位，认认真真地看着老师演示，很快就学会了，自己也折出了一把小手枪。他把自己的作品拿给老师看，老师肯定了浩浩的作品和他专心认真的态度，并鼓励他去拼插更多喜欢的武器。受到鼓励的浩浩继续探索，他发现把两个纸筒插在手枪的把柄处手枪就可以变成机枪。他为自己的这个发现兴奋不已，立刻向老师汇报这个新发现，老师也很高兴，鼓励他说："浩浩真是太聪明了，可以想出这么好的方法，把你的方法和其他小朋友分享一下吧。"于是，浩浩兴冲冲地讲起来，小朋友们投来了羡慕和赞赏的目光，浩浩感到很满足。老师与浩浩的这一做法又激起了全体幼儿创造和发明的兴趣。

　　案例中教师的教育方式是开放的、民主的，教师宽容的态度是激发浩浩探索行为的推动力。由此可见，幼儿的创造性行为只有在受到教师的理解、宽容、保护和鼓励时，才会得到积极的发展。

幼儿园心理
环境创设的
意义

一、幼儿园心理环境创设的意义

幼儿园心理环境创设的意义包括以下三个方面。

（一）有利于幼儿适应幼儿园生活

对幼儿而言，进入幼儿园意味着从家庭走向了社会，这对每一个幼儿来说都是一种转折，而这种转折往往是痛苦的。教师要为新入园的幼儿做好全方位的准备，其中心理上的准备是至关重要的。教师的首要任务是用自己的爱心、耐心及宽容接纳每个幼儿，稳定幼儿的情绪，帮助幼儿适应并喜欢幼儿园的集体生活，帮助幼儿克服初次离开父母、家人的忧虑、紧张和不安情绪，使其形成安全感和信任感，帮助幼儿体验到幼儿园集体生活的乐趣。另外，大带小的活动也是减轻入园幼儿"分离焦虑"的一个有效的方法，如高年级幼儿给初入园幼儿表演节目，送给他们自制玩具，带他们游戏等。这样可使幼儿逐渐地将对父母的依恋转移到教师和同伴身上，满足幼儿依恋的需要，减少心理焦虑，从而更好地适应幼儿园的生活（图2-2、图2-3）。

图2-2　大带小

图2-3　教师耐心地帮助

（二）有利于幼儿形成良好个性，适应社会生活

幼儿社会化是个体社会化的初级阶段，并为个体进一步社会化奠定基础。良好的幼儿园心理环境能为幼儿提供同伴之间共同游戏和学习的机会，有利于幼儿与同伴、集体互动活动的进行。教师有意识地将幼儿置身于幼儿园的各种人际环境之中，通过幼儿易于接受的民主、科学的教育形式和方法，帮助幼儿理解社会行为规范，适应社会生活，同时培养幼儿的组织性、纪律性，以及合群、利他、勇敢和顽强等优良的性格特征，克服孤独、自私等不良的性格特征。教师应给予幼儿更多展示自己的机会，放手让幼儿自己去解决一定的问题，只要幼儿在原有基础上有所进步，教师就应及时给予肯定和表扬，让幼儿从小朋友的掌声中及教师的鼓励、夸奖中获得胜任感和成功感（图2-4、图2-5）。

图2-4　共同游戏　　　　　　　　　　　　图2-5　合作建构

（三）有利于幼儿园员工的成长与发展

心理环境能使人在不知不觉中受到感染和熏陶。良好的心理环境，有利于形成协调的人际关系，使员工乐于从事自己的学习和工作；相反，不良的心理环境，只能使人感到处处受压抑，导致各种不良个性品质的形成，使员工情绪低落，养成消极的思想和行为习惯。

二、幼儿园良好心理环境的创设策略

《幼儿园教育指导纲要（试行）》指出，幼儿园的空间、设施、活动材料和常规要求等应有利于引发幼儿主动探索和幼儿间的交往；教师的态度和管理方式应有助于形成安全、温馨的心理环境；教师言行举止应成为幼儿学习的良好榜样。《幼儿园教育指导纲要（试行）》不仅提出了物质环境、活动材料要满足幼儿心理发展需要，

还特别提出了构建幼儿良好心理发展环境的基本方法与途径。

（一）创设良好的物质环境

幼儿园心理
环境创设的
要求（1）

幼儿园心理
环境创设的
要求（2）

幼儿园的物质环境应该具有安全、舒适、卫生、实用等特点，环境布置应做到绿化、美化、净化、儿童化和教育化。园内设备和材料应丰富多彩，能满足不同幼儿的不同需要和多种需要。幼儿在这种良好的物质环境中进行活动能产生积极向上的情感和愉悦的情绪，从而在自由的探索中主动去发现周围世界的奥秘（图2-6）。

图2-6 物质环境

（二）创设宽容理解的环境

幼儿园应当创设一种尊重、信任、关心、积极向上的工作氛围，使全园教职人员之间形成团结、友爱、理解、互助、和谐的氛围。幼儿生活在这样的氛围中，会感到亲切温暖，有利于其形成正确的价值观，做出亲社会行为（图2-7，图2-8）。

图2-7 积极向上的工作氛围　　图2-8 团结互助的工作氛围

（三）构建民主平等的师幼关系

《幼儿园教育指导纲要（试行）》中明确指出，教师应是孩子的支持者、引导者、合作者。这表明教师与幼儿之间的关系应当是民主平等的。这种关系是以教师幼儿为双主体的平等关系。师幼关系是幼儿园人际关系的核心，教师和幼儿之间民主平等的关系能够直接促进幼儿与幼儿之间形成民主平等的关系。教师的行为对幼儿具有榜样作用，因此，教师应当以身作则，关心幼儿、爱护幼儿、善于鼓励幼儿、民主对待每一名幼儿，用恰当合理的方式，主动与幼儿建立民主平等的关系（图2-9）。

图2-9　民主平等的师幼关系

（四）构建自由愉悦的同伴关系

自由愉悦的同伴关系是幼儿健康发展的重要心理环境，有利于幼儿形成自尊、自信、活泼开朗的性格，有利于促进其社会化及心智的发展。与同伴交往困难将影响幼儿以后的社会适应，使幼儿出现退缩、孤僻、压抑等心理障碍，甚至逃学、退学、犯罪等行为问题。幼儿园同伴关系主要是通过游戏及日常交往活动形成的。因此，幼儿园教师要为幼儿创造良好的交往机会，帮助幼儿学习恰当的交往方式，形成自由愉悦的同伴关系（图2-10）。

综上所述，构建和营造幼儿健康发展环境的关键，在于幼儿园和教师的教育观念、专业素养，以及教师自身的心理健康水平。因此，幼儿园必须从物质和精神两个方面创设适宜于幼儿健康发展的教育环境；幼儿园教师必须提高自身专业素养和心理素质，根据幼儿和活动的需要，以多重的健康角色、丰富的环境资源和操作材料，促进幼儿身心健康发展。

图2-10　自由愉悦的同伴关系

三、教师言行在幼儿心理环境创设中的重要作用

教师言行在
心理环境创
设中的重要
作用

幼儿进入幼儿园后，往往根据教师对自己的言行来判断自己在幼儿园是否安全，对方是否可以信任。只有当他们感到被关心、有保障时才有信心进行学习和探索。所以，良好的心理环境是使幼儿积极活动的基础，教师是幼儿心理环境的重要创设者。

（一）对幼儿安全感的影响

在日常教育教学中，教师要注意观察幼儿的个体差异，针对幼儿的不同特点，以不同的方式去抚慰幼儿。如给安全感较弱的幼儿以拥抱和抚摸，给有缺陷的幼儿以关心和照顾，使他们感到母亲般的温暖；给活泼开朗的幼儿以鼓励和帮助，让他们体验父爱式的亲切；而对胆小的幼儿，则装作不注意，给他们留下无拘无束的时间与空间，使他们感到快乐和自由。另一方面，教师要善于发现每个幼儿的优点，并开展多种形式的活动，为每个幼儿提供平等的表现机会和获得表扬的机会。每当有幼儿与教师对视时，教师应让幼儿感到热情和亲切，让每个幼儿都能从教师微笑的面容、和善的目光中感受到真诚的爱，从而增强幼儿对教师的信任。同时，也有助于幼儿对幼儿园产生安全感（图2-11）。

图2-11 给幼儿以安全感

（二）对幼儿自我价值形成的影响

教师要消除偏爱心理，如果经常对那些聪明、乖巧、漂亮的幼儿进行赞扬，就易使这类幼儿产生骄傲情绪，形成自私、任性、以自我为中心等不良心理品质。而那些有创意、顽皮的幼儿可能会感到压抑，对被表扬的幼儿产生妒忌心理，甚至为了引起教师的注意产生攻击性行为；那些相貌、智力平平的幼儿如果经常被忽视、被训斥，会逐渐觉得教师不喜欢自己，在心理上认为自己是无能的，容易建立起消极的自我概念；那些胆小孤僻的幼儿也易认为他人是不友善的，不愿意与人交往，加深退缩性行为。教师要善于观察幼儿的行为，不带任何偏见地对待幼儿，以真诚、热爱和关怀的态度对待每个幼儿，做到一视同仁。

（三）对幼儿独立人格形成的影响

教师要尊重幼儿，把幼儿看作一个独立的人，一个有表达自己情感权利的人，一个既有优点又有不足，并且有自己愿望和期待的、需要别人尊重和注意的独立个体。在现实生活中，有的教师处处以长者自居，要幼儿听命于自己，凡违反自己命令的幼儿，往往被评价为"调皮捣蛋""不听话"，随之而来的便是批评或者惩罚。如"不准参加游戏""不许吃餐点""罚站"等，有的教师毫无顾忌地当众宣布幼儿的过失，辱骂幼儿"笨"，致使幼儿变得胆小怕事、缺乏主见，产生胆怯、冷漠、自卑、懦弱等心理偏差，甚至会损伤幼儿的人格，致使幼儿失去自尊。教师应尊重幼儿的人格，保护幼儿的自尊心。适宜的做法是经常表扬鼓励幼儿，以肯定的口吻对幼儿说："我相信你能做好""你肯定行"，让每个幼儿相信"我是好孩子""老师喜欢我"。幼儿的心理、生理都尚不成熟，教师的一言一行都会对他们产生较大的影响，教师在繁重、琐碎的工作中，不能与不懂事的幼儿"一般见识"，也不能随意发脾气，必须随时纠正不适当的做法，防止情绪和行为上的偏激，增强教育行为的理智性，减少冲动性，形成良好的教育环境，为幼儿创设出一个愉悦的心理环境，促进幼儿身心和谐发展（图2-12）。

图2-12　教师的言行指导

案例分析

案例描述： 一次，美术兴趣班活动结束后，家长来接小朋友时，对自己孩子的画加以评述，"这么不圆，你看老师的太阳画得多圆……""你瞧，老师的太阳是红的，你怎么是蓝色的……""颜色涂得乱七八糟的"……一些家长对自己孩子的作品加以否定，指出许多不足之处。

孩子们听到父母对自己的评价，本来欢喜的脸上也没有了光彩。但也有的家长对自己孩子画成灰色的太阳用询问的方式进行引导，使孩子在语言表达、交往、想象力等方面获得发展。

分析： 良好的心理环境意味着孩子能在活动过程中得到及时和充分的满足，由此产生愉快的情绪体验，进而对其各方面产生积极的影响。父母也应为孩子创设良好的心理环境：父母应给予孩子更多的鼓舞和支持，尽量不要过于限制和约束孩子，创设宽松和愉悦的学习、游戏环境。

班上有一些平时爱"捣乱"的孩子，他们淘气、"不听指令""破坏规则或纪律"等，你作为这个班上的老师，会怎样对待这些孩子？该怎样建立尊重、民主、平等的师幼互动环境呢？

[2017年上·简答题·15分] 幼儿教师如何在保教活动中营造更好的心理氛围？

解析：从创设良好的物质环境、宽容理解的环境、构建民主平等的师幼关系、构建自由愉悦的同伴关系四个方面进行回答。

1.[单选题] 幼儿进入幼儿园后，往往根据（　　）来判断在幼儿园是否安全、是否可以依赖。

A. 小朋友对自己的态度　　　　B. 教师教学的水平

C. 教师对自己的言行　　　　　D. 幼儿园玩具的多少

答案：C。

解析：幼儿进入幼儿园后，往往根据教师对自己的言行来判断在幼儿园是否安全、是否可以信赖。只有当他们感到被关心、有保障时才有信心进行学习和探索。

2.[单选题]（　　）有助于形成安全、温馨的心理环境；言行举止应成为幼儿学习的良好榜样。

A．教师的教学方式　　　　　　　B．教师的态度和管理方式

C．教师的管理模式　　　　　　　D．教师的管理风格

答案：B。

解析：《幼儿园教育指导纲要（试行）》组织与实施部分第八条第三点指出：教师的态度和管理方式应有助于形成安全、温馨的心理环境；言行举止应成为幼儿学习的良好榜样。

3．［单选题］关于幼儿园精神环境创设不正确的做法是（　　　　）。

A．重视幼儿园文化建设，建构良好的文化氛围。

B．教师热爱幼儿、尊重幼儿，与幼儿建立民主和谐的关系。

C．教师对待幼儿态度冷漠，言行粗鲁。

D．教师幼儿之间互相帮助。

答案：C。

解析：在教师与幼儿的交往中要做到爱护幼儿，而不是态度冷漠，言行粗鲁。

4．［单选题］教师要为新入园幼儿做好全方位的准备，而（　　　　）上的准备又是至关重要的。

A．物质　　　　　　　　　　　　B．心理

C．饮食　　　　　　　　　　　　D．环境

答案：B。

解析：教师要为新入园幼儿做好全方位的准备，而心理上的准备又是至关重要的。教师的首要任务是用自己的爱心、耐心及宽容接纳每个幼儿，稳定幼儿的情绪，帮助幼儿适应并喜欢幼儿园的集体生活，帮助幼儿克服第一次离开父母、家人的忧虑、紧张和不安情绪，使其形成安全感和信任感，帮助幼儿体验到幼儿园集体生活的乐趣。

实践操作案例

头　饰

创设内容提要：为了营造积极的同伴互动环境，教师在提供宽敞的活动场地的基础上，要制作相应的游戏道具、丰富的玩具和操作材料，使幼儿可以从容选择、自然

交往。在表演游戏活动中，幼儿可以佩戴制作的头饰，更好地融入角色表演中。

工具材料：彩色卡纸、马克笔、剪刀、松紧带、订书机等。

参考实例：图2-13，图2-14。

图2-13　老虎头饰　　　　　　　　　　图2-14　青蛙头饰

课外拓展

教师语言环境的创设与幼儿心理健康

教师要创设好幼儿一日活动中的"语言环境"，首先就要掌握好如何应用"准语言"，那么教师应如何巧妙地运用语言创设语言环境，从而更好地促进幼儿身心健康的发展呢？

一、树立教师良好的自我形象和个性品质

幼儿教育具有潜移默化的效果，幼儿模仿能力强，教师的言行举止会给幼儿留下深刻的印象。有的教师要求幼儿这样做、那样做，自己却常常带头违反，如平时要求幼儿保持地面干净，自己却随手把垃圾往很远的垃圾箱投去，没投进也视而不见。教师的这些不文明、不雅观的动作在不经意中暴露在幼儿的视线里，无疑对幼儿的心理健康带来负面的影响。这一个个小小的行动往往比100句说教来得更形象、更直接。

二、眼神的运用艺术

眼睛是心灵的"窗户"，在面部表情中，眼睛能传神、会说话，能表达细腻的感情。幼儿的心理很脆弱、也很敏感，他们的信赖、安全、自信的情绪往往会受到教师眼神的影响。如在教学活动中，一名幼儿站起来发言，由于紧张，说话结结巴巴。这时教师用信任、鼓励的目光注视着他，在教师期待的目光中幼儿放松了心情，并在教师的引导下流畅地说出了正确答案。对能力弱的幼儿，教师更要做有心人，当幼儿有进步的表现时，教师应该投之以高兴、欣赏、赞扬的目光，使幼儿感到自己被关注、被重视，从而树立自信心；当幼儿犯错误时，教师则要表现出严肃，但不歧视的目光，让幼儿从教师眼中读懂自己的行为是不受欢迎的，从而自觉改正错误行为；教师暗示的眼神也较好地保护了幼儿的自尊心。

三、微笑的运用艺术

微笑是具有强烈感染力的体态语言，是一个人自信向上、可亲可敬的心理状态反映，许多教育者提出，要"用微笑去征服孩子的心灵"。幼儿教师更要以微笑面对每一名幼儿。教师面带微笑，幼儿会感到亲切，从而心情愉悦，师幼互动会更加融洽，教学效果会更理想。

四、身体动作的运用艺术

手势是语言的延伸，对语言表达起到补充和强调作用，有时甚至可以比语言更具形象性和说服力。如幼儿把玩具整理好放回原处，看到地上有垃圾马上捡起来放回垃圾箱，同伴有困难主动去帮助等良好行为出现时，教师应及时给幼儿一个大拇指或掌声，对幼儿的行为及时肯定和赞赏；当幼儿吵闹不遵守规则时教师不妨伸出食指，靠近嘴唇"嘘"一声或一手食指放在另一手掌下做停止暗示，幼儿就会心领神会地安静下来。不同手势会产生不同的效果，小小的手势成了指示、批评、表扬的符号。

身体的接触也是无声的语言，在与幼儿交往中，教师与幼儿之间所处的位置远近不同，会给幼儿不同的心理感觉，产生不同的效应。例如，在听故事活动中，别的幼儿正专心致志地听，一名幼儿却偷偷地玩着玩具，还影响旁边的同伴，此时教师没有停下故事的讲述，而是边讲边走到他的身边，轻轻地用手抚摸了他的头，幼儿被摸到后明白教师在提醒他，就自觉地将玩具藏到口袋里，开始专心地听故事。一个小小的抚摸在不知不觉中拉回了幼儿的注意力，也避免了教学的中断。

五、创设和谐语言环境对教师的要求

首先，教师要不断加强职业道德修养。教师有高尚的师德，其语言才可能健康、文明、丰富、美好。其次，要加强知识修养。精深的专业知识、广博的文化素养、系统的教育理论，三者合一，构成教师完整的知识体系。教师必须加强语言基本功的训练，包括：语音的训练，即练好普通话；仪态的训练，即举止稳重、态度大方、讲究仪容、从容镇定。再次，教师应树立"以幼儿为本"的教育理念，积极主动创设出人性化的教育环境，包括充满爱的"语言环境"。教师本身还必须具有健康乐观的心态。因为教师的心态会对幼儿心理的发展产生重要影响。最后，教师要有开拓意识，要捕捉新信息，获取新知识，树立新观念，沿着新思路，让每一名幼儿实实在在地在"精神环境"中受益，让幼儿真正得到全面和谐健康地发展。

项目三

3

幼儿园主题活动环境创设

　　幼儿园主题活动环境创设是与教学活动密切相关的，是根据主题活动的开展进行相关的环境创设。环境的创设要追随活动主题，支持主题活动的开展。根据幼儿现阶段的认知发展水平，为幼儿提供大量可操作的材料，使幼儿进行经验的积累与巩固，让不同水平的幼儿在原有基础上得到提高。

学 习 导 览

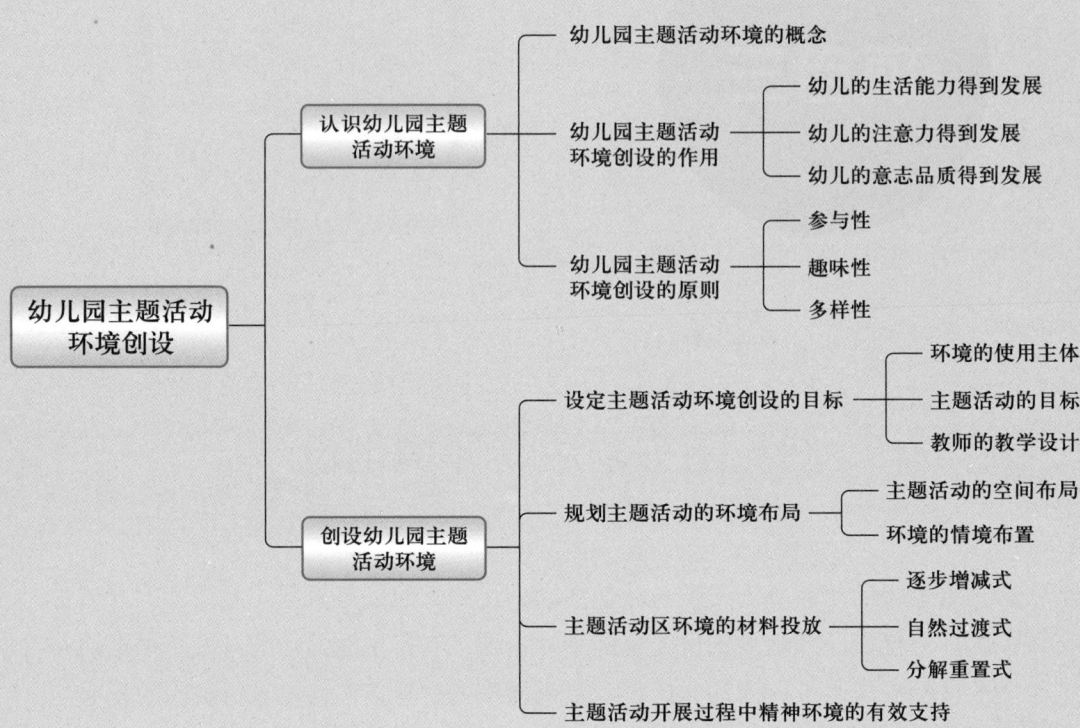

幼儿园主题活动
环境创设

认识幼儿园主题
活动环境

幼儿园主题活动环境的概念

幼儿园主题活动
环境创设的作用
— 幼儿的生活能力得到发展
— 幼儿的注意力得到发展
— 幼儿的意志品质得到发展

幼儿园主题活动
环境创设的原则
— 参与性
— 趣味性
— 多样性

创设幼儿园主题
活动环境

设定主题活动环境创设的目标
— 环境的使用主体
— 主题活动的目标
— 教师的教学设计

规划主题活动的环境布局
— 主题活动的空间布局
— 环境的情境布置

主题活动区环境的材料投放
— 逐步增减式
— 自然过渡式
— 分解重置式

主题活动开展过程中精神环境的有效支持

知识目标

☐ 理解幼儿园主题活动环境创设的概念及作用。

☐ 掌握幼儿园主题活动环境创设的原则。

☐ 掌握幼儿园主题活动环境创设的目标设定。

能力目标

☐ 掌握主题活动环境创设的步骤。

☐ 能制定简单的主题活动环境创设方案。

☐ 能根据需要选择和投放合适的主题活动环境创设材料。

素质目标

☐ 明确主题活动环境创设的能力是考查幼儿教师综合素质的重要方面。

☐ 通过模拟演练，逐步提高职业素养。

☐ 通过任务引领，不断提高自身专业素质。

任务一　认识幼儿园主题活动环境

红树叶、黄树叶

　　秋季，幼儿园根据季节的变化创设"红树叶、黄树叶"的主题活动环境。在开始创设前，教师利用家庭资源，引导家长和幼儿积极参加主题活动，一起到户外收集秋天的落叶、果实等。在大自然中让幼儿感受四季的变化、秋天的特色。接下来，教师根据幼儿的兴趣和需要将收集的部分树叶应用在主题活动的墙面装饰中，供幼儿欣赏和自由讨论，从中获取知识，激发探索欲望。在主题活动的开展中，教师引导幼儿用色彩丰富、形状多样的树叶拼贴出不同的动植物图案，让幼儿交流、学习，不仅促进了幼儿间的感情，还提高了幼儿活动的积极性，也树立了幼儿的自信心。

在日常教学中，教师应该怎样创设主题活动环境？应提供怎样的环境来支持主题活动的开展？

一、幼儿园主题活动环境的概念

幼儿园主题活动环境创设概述

在日常生活中，"主题"一般指人们在一段时间内讨论的中心话题。主题活动是指教师和幼儿在一定时间内围绕一个中心主题开展的各种综合性教育活动。从范围上看，主题活动是一个以"主题"为核心的严密的网络系统；从逻辑关系上来看，主题活动内部存在纵向的总分关系和横向的并列交织关系；从内容上看，主题活动涵盖了联系紧密、互相渗透的五大领域内容；从形式上看，游戏活动、集体教学活动和生活活动都是主题活动的实施方式。而围绕主题活动所进行的环境布置、投放的活动材料、营造的活动氛围，支持引导幼儿的活动开展，是主题活动环境创设。由于主题活动更强调幼儿的主动探索，更注重幼儿与主题环境的互动，因而，与学科活动相比而言，主题活动中的环境创设对主题的展开及幼儿在主题中经验的提升就显得更为重要。

二、幼儿园主题活动环境创设的作用

环境的作用常常是潜移默化的，并不断重复的，经过良好设计的环境可以诱发幼儿的积极行为，它的效果有时比教师的言传身教来得更实在。

（一）幼儿的生活能力得到发展

1. 培养幼儿的秩序感

活动室中的操作材料摆放有序，幼儿在取、放操作材料时感受着秩序：把积木从小到大取出，从大到小放回。他们懂得了用完材料放回原位，材料摆放应有序、整齐。

2. 幼儿的动作更加协调

手的运动跟人的智慧紧密相关。手的发展意味着自我的发展，心灵的发展。我们将生活教育物化为可动手操作的材料，这些材料不仅丰富且具有层次性，遵循由易到难的规律。幼儿积极动手操作自己所选择的材料。他们的动作变得更协调，甚至可以说更精确了。

（二）幼儿的注意力得到发展

注意力是智力发展的重要因素。注意力的发展是心理健康发展的表现，是一种内部需要得到满足的表现。蒙台梭利博士曾说过，"孩子的注意被适合他兴趣的东西所吸引。它不是教师所能'唤'起的"。活动室中丰富而有变化的材料不断成为孩子们的兴趣点，让他们专注于材料。"专心是儿童品格与社会行为的全部基础。"注意力不稳定是幼儿在现阶段体现的年龄特征。适宜的环境能吸引幼儿的注意力，对幼儿的发展起到正面的推动作用。幼儿在专注的过程中主动地积累经验，发展自我。

（三）幼儿的意志品质得到发展

蒙台梭利博士在《自发的教育活动》中谈道："当儿童能够从众多的物品当中择其所爱时，当他梦寐以求的某些工作正被别人玩耍而他学会了安静等待时，当他长时间专注地操作并纠正教材里他认为有错误的地方时，他已经做出很多'意志'行动。"意志品质中有一种自发的基本品质，人与人之间表面关系和社会大厦都建立在此之上，这种品质就是"连续性"。通过主题活动环境创设，这种品质也已渐渐出现在幼儿身上。

三、幼儿园主题活动环境创设的原则

（一）参与性

着眼于幼儿的实际需要来进行环境创设，让幼儿以主人的身份直接参与环境的创设。主题活动环境要根据幼儿的需要而经常更新，增强幼儿对它的亲近感，满足幼儿的心智体验，从而实现幼儿与环境之间的互动（图3-1、图3-2）。这就要求主题环境的创设必须有弹性。同时教师也要根据幼儿的需要进行修正，并允许幼儿在活动时根据自己的经验调整区域环境，使他们在主题活动环境的创设活动中构建自己的知识。教师要改变观念，把环境创设的主动权交给幼儿，这样教师的角色就会从原先的直接动手、动脑者变为观察者、倾听者、支持者。首先，教师要多关注幼儿，观察幼儿的兴趣点和需求，激发他们创设主题活动环境的积极性；要多倾听幼儿对于创设主题活动环境的所思、所想，给幼儿提供适度的支持，发动幼儿讨论，并共同决定主题活动环境创设的内容。其次，将收集材料和创设环境的过程作为幼儿的

幼儿园主题
环境创设的
原则

学习过程。教师应和幼儿一起准备材料，在这个过程中，教师应充分调动幼儿的积极性，幼儿能做得到的应尽量让他们自己去做，他们能想得到的让他们自己去想，让幼儿多渠道利用已有的知识经验，通过看、听、问等途径获取信息和材料，发展他们获取信息材料的能力和探究解决问题的能力等。在收集材料后尽量让幼儿自己协商如何装饰主题活动环境，这样幼儿间的交往能力就能得到很好的发展，而此时教师只是作为一个观察者随时观察幼儿，当发现幼儿的确有困难并真的需要帮助时，可轻声地问幼儿"需要我帮忙吗？"征得幼儿同意后再介入。

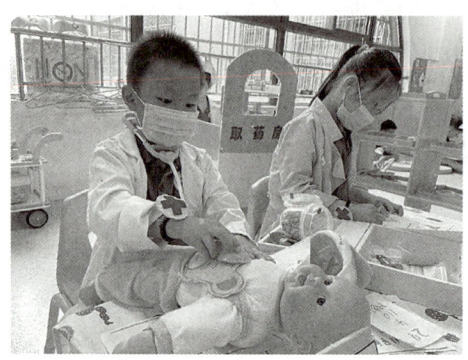

图3-1 幼儿与环境的互动

图3-2 幼儿借助环境推进游戏的开展

（二）趣味性

主题活动环境创设要有趣味性，这样有利于幼儿自主探究、主动学习。创设环境的目的主要就是为幼儿的发展创造条件，调动他们的积极性和主动性，发挥他们的创造潜力。因此，趣味性的环境更容易吸引幼儿去操作、去探索，成为一个主动的学习者（图3-3）。如将活动室的门装饰成跟主题活动内容有关系的造型，这样更能引起幼儿的注意，同时也能吸引幼儿进入主题游戏活动中（图3-4）。

图3-3 充满趣味的环境

图 3-4　活动室门的装饰

（三）多样性

第一，创设内容的变化性。主题活动环境创设的内容不是一成不变的，可以随时间变化增减。如根据幼儿兴趣需要布置的主题墙饰，随着季节的变化或是主题的变化而变化。可以是重新布置，也可以是逐步地深入与丰富。主题活动环境根据幼儿的需要不断丰富和变化，在这个过程中，幼儿不断收集、储存、整理、交流与分享信息，他们的观察、思维、交往及表达的能力均获得了提高（图 3-5）。

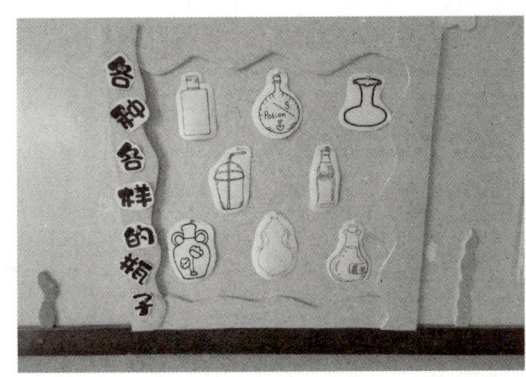 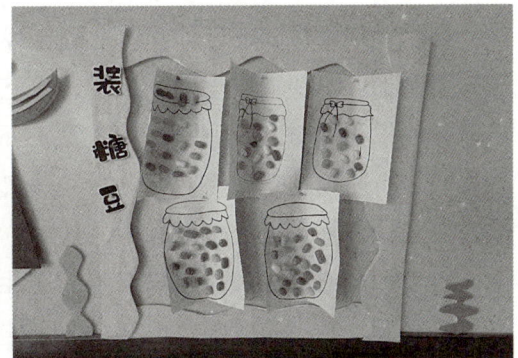

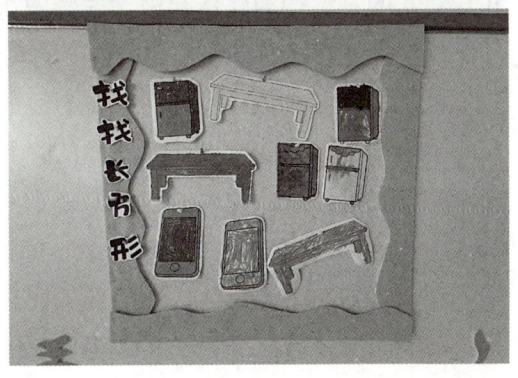

图 3-5　主题活动环境内容

第二，创设方法的多样化。教师可以从幼儿的角度，以幼儿的眼光来创设主题环境。如通过观察询问、提供材料等手段了解幼儿的兴趣和需要，并根据不同年龄段的差异创设出具有不同教育价值的环境。另外，也可以让幼儿参与环境创设。教师在创设环境的过程中，采纳和吸收幼儿的建议，并请幼儿参与环境创设，不仅能给幼儿提供参与活动的机会，满足幼儿自我表现的欲望，而且能发展他们的动手操作能力。如在"奥运主题"活动中，可以让幼儿一起参与布置教室。在一面墙上张贴幼儿收集来的比赛项目及师幼共同设计的制作流程图，不仅丰富了幼儿的知识经验，也大大提高了环境所带来的教育价值（图3-6）。

图3-6 奥运主题活动环境创设

第三，创设空间的延伸性。环境创设应生动、直观、真实。环境布置不要局限于"墙"上，不要局限于贴，譬如，教室的某个角落、某个窗台、某个柜子，都可以适时提供物质材料，调整环境布置。环境创设不仅有主题，而且还能变化，或是悬挂或是有序列地摆放，或是放在幼儿自己的小柜子里，教育活动能有所延伸。另外，要充分发挥环境材料的作用。比如，在"保护环境"主题活动环境创设的过程中，由于需要的内容和材料均来源于幼儿的生活和幼儿关注的话题，所以幼儿很感兴趣也易于接受。教师在幼儿的兴趣点上不断提出新的问题，把环保教育引向深入，并与幼儿的日常行为联系起来。这些做法为幼儿真正理解环保的意义、形成自觉的环保行为打下良好的基础，并用自己的实际行动保护周围环境（图3-7）。

总之，我们以幼儿发展的需要为目的，紧紧围绕教育目标和教学内容，发挥幼儿的主体作用，共同创设幼儿喜爱的，并与之产生互动的主题活动环境。主题活动环境的创设不仅为幼儿也为教师搭建了一个共同的舞台，教师通过对幼儿的观察和深入了解为幼儿建构自由、广泛的空间，让幼儿的主体性得到充分的培养和发挥，充分调动其参与的积极性，让幼儿关注生活、学会生活、适应生活，从而在与环境的互动中捕捉灵感、获得启示、习得经验。

图3-7 利用废旧材料创设的环境

案例分析

案例描述： 最近大一班的幼儿对空中飞行器非常感兴趣，经常讨论飞行器的各种结构。李老师欣喜地发现了幼儿的兴趣所在，准备围绕"飞行器"开展主题活动。但李老师自己对飞行器一无所知。为了能够顺利开展主题活动，李老师通过查阅资料、向其他老师求教等方式了解飞行器的相关知识。随后，李老师对幼儿进行观察，发现幼儿主要是对飞行器的种类、飞行的秘密、飞行器的建构感兴趣，于是李老师和班上其他老师商量，准备在科学发现区投放一些飞行器模型，在建构区投放飞行器的构造图和搭建材料，在图书区投放有关介绍飞行器的图书，让幼儿感知、探索、了解飞行器的相关知识。

分析： 在此案例中，教师虽然不了解飞行器的相关知识，但能够主动去学习，丰富自己的科学知识，扩充自己的知识结构。此外，教师能够敏锐地捕捉到幼儿的兴趣点，并生成区域创设的计划，说明教师已经熟练掌握了观察方法与区域创设的知识。"飞行器"主题活动环境的创设促进了教师各种专业知识的融合，也为幼儿的学习提供了较为完整的知识体系。

结合一个主题教育活动，创设一个主题活动区，并组织相关的区域活动。

1. ［单选题］主题活动环境创设要有（　　　　），这样有利于幼儿自主探索、主动学习。

A. 参与性　　　　　　　　　　　B. 童趣性

C. 艺术性　　　　　　　　　　　D. 趣味性

答案：D。

解析：主题活动环境创设要有趣味性，这样有利于幼儿自主探索、主动学习。创设环境的目的主要就是为幼儿的发展创造条件，调动他们的积极性和主动性，发挥他们的创造潜力。因此，充满趣味性的环境更容易吸引幼儿去操作、去探索、去成为一个主动的学习者。

2. ［单选题］环境创设不仅有主题，而且还能变化，或是悬挂或是有序列地摆放，或是放在幼儿自己的小柜子里，使教育活动能有所延伸。这表明了创设空间的（　　　　）。

A. 丰富性　　　　　　　　　　　B. 多样性

C. 延伸性　　　　　　　　　　　D. 单一性

答案：C。

解析：从布局上来看，桌面、地面、顶面、柜面……凡是幼儿触手可及的地方，都可成为主题环境的一部分，这表明了主题环境创设空间的延伸性。

实践操
作案例

走廊主题环境创设

创设内容提要：分别以二十四节气、戏曲脸谱、动物及象征含义为创设主题，带领幼儿走进中华优秀传统文化，感受中华民族的精神命脉，让幼儿在环境创设和欣赏中，树立社会主义核心价值观，培养审美品格和艺术情趣。教师引导幼儿在走廊环境创设活动中学会表达自己的情绪情感。用废旧材料制作的表现主题的造型，构思新颖，富有创意。

工具材料：废旧纸箱、彩色卡纸、马克笔、纸黏土、麻绳、无纺布、剪刀、热熔胶等。

参考实例：图 3-8 至图 3-11。

图 3-8　二十四节气

图 3-9　戏曲脸谱

图 3-10　动物主题

图 3-11　动物象征含义主题

方案教学

　　"单元教学"源自陈鹤琴先生倡导的"五指活动课程"。陈鹤琴先生主张教师将健康、社会、科学、艺术和语言方面的内容整合成一个完整的教育网，以单元的形式进行编排，每个活动单元由一个活动中心组成，各种教育活动围绕着单元中的活动中心开展。"方案教学"最早是由克伯屈提倡的课程模式，又被称为"项目教学""设计教学"或"项目活动"。这种课程模式围绕某个幼儿感兴趣的主题或问题展开，引导幼儿在活动的过程中发现知识和建构知识。"单元教学"和"方案教学"都是以"主题"为核心的课程模式，但"单元教学"的主题部分由教师计划，结构化程度高，而"方案教学"的主题由教师和幼儿共同生成，组织结构程度较低。

任务二　创设幼儿园主题活动环境

"交通工具"主题活动环境创设

　　幼儿园最近开展"交通工具"的主题活动，主题的内容与要求是：认知生活中常见的各种交通工具，包括公交车、自行车等各种交通工具的类型及其功能，可以鼓励幼儿给大家介绍自己的乘坐经验，分享自己的体验，了解交通工具给我们生活提供的便捷。

为此，老师根据主题活动创设了相应的环境。首先，在美工区中投放了幼儿自己收集的汽车、自行车、飞机、轮船的图片及图书，自由活动、游戏活动时，幼儿都会对着图片指指、认认、说说，在互相交谈中获得与之相关的知识。其次，在教室的一角，布置了"交通玩具大集合"的小展台，将幼儿带来的玩具展示出来，通过介绍自己的玩具、和同伴分享、交换玩具的方式，幼儿认识了各种各样的交通工具，了解了它们不同的性能。这样，根据主题活动的内容与要求，以及中班幼儿的年龄特点，将一个个有联系的点呈现在主题活动环境中，更有利于幼儿相关经验的整合与运用。

知识学习

主题活动与环境密不可分，环境为主题活动而创设，主题活动需要环境的支持以更深入地开展。创设高质量的主题活动环境是一个复杂而漫长的过程，从主题活动的展开过程来看，需要从以下几个步骤做起。

幼儿园主题活动环境创设的步骤（1）

一、设定主题活动环境创设的目标

设定目标是顺利完成一件事的首要条件。在设定主题活动环境创设的目标时，要注意以下几个方面的内容。

幼儿园主题活动环境创设的步骤（2）

（一）环境的使用主体

在创设幼儿园主题活动环境时，首先要考虑并了解参与该环境中的主体对象的基本情况。针对不同年龄层次的幼儿，以及不同的班额状况，环境创设中考虑的维度和内容也是不同的。参与到主题活动中的不同年龄阶段的幼儿的身心发展存在差异，这就要求教师在主题活动环境的创设过程中针对不同对象的发展状况和身心特点来创设具有层次性的环境，针对不同年龄阶段的幼儿投放不同的活动材料，并采取不同的指导方式。

（二）主题活动的目标

主题活动是整合了不同领域内容与目标的教育活动。主题活动的内容是在活动目标的基础上，由教师和幼儿共同商议制订的，也是动态变化的。随着主题活动的开展、幼儿与环境的互动，环境要支持主题活动的展开，开拓出新的主题，产生新的环境。只有创设与主题活动相适应的环境，才能充分发挥环境的教育功能，为幼儿提供良好的探索氛围和发展契机（图3-12至图3-14）。

图3-12　大班主题活动目标

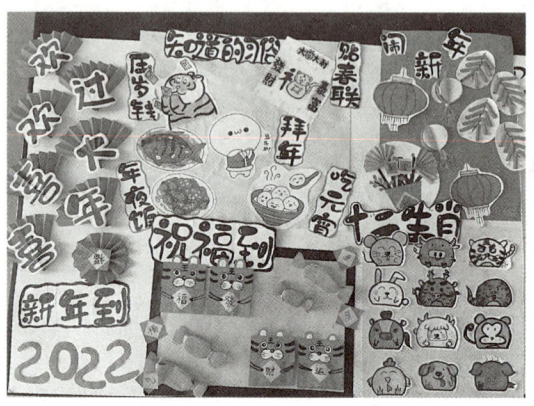

图3-13　新年主题活动内容

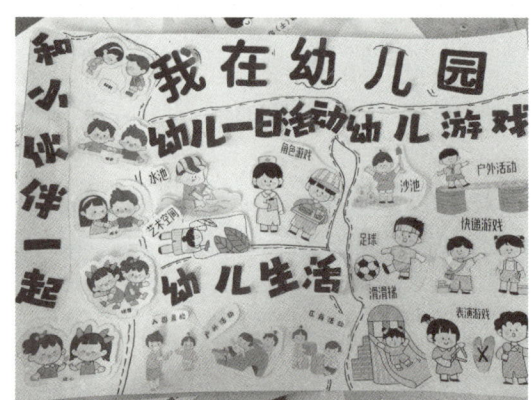

图3-14　小班主题活动目标

（三）教师的教学设计

幼儿园教师的教学设计涉及活动目标、活动准备、活动过程等方面。围绕教学目标要求准备合适的场地、提供充足的活动材料及创设积极的师幼互动环境。如果教师事先对活动开展有一个整体的规划，主题活动可以按步骤进行，那么幼儿的活动就会在教师指导下有序进行，包括材料的使用、活动的空间安排都在按计划推进；如果教师是以一种开放性的思路来组织主题活动，则要提供更多的材料及活动场地，教师要引导幼儿积极探索。

二、规划主题活动的环境布局

在考虑好了环境的使用主体、主题活动的目标、教师的教学设计的基础上，还需对主题活动所需要的空间和资源进行合理的安排与配置。

（一）主题活动的空间布局

主题活动的空间主要包括室内空间与室外空间，其中，室内空间主要是活动室空间，包括墙面、天花板、窗户、窗台、地面及各个区角（图3-15至图3-17）；室外空间包括门厅、走廊、楼梯等公共区域。如幼儿园以"树"为活动主题的门厅环境创设（图3-18）。

图3-15　墙饰

图3-16　走廊吊饰

图3-17　地面立体装饰

图3-18　以"树"为活动主题的门厅环境创设

幼儿对活动室内的墙面或是走廊中的墙面关注度非常高，教师可以与幼儿共同对这个区域进行规划，但不能一成不变，应随着主题的延伸与展开，随时补充，使其能很好地体现主题的内容（图3-19）。

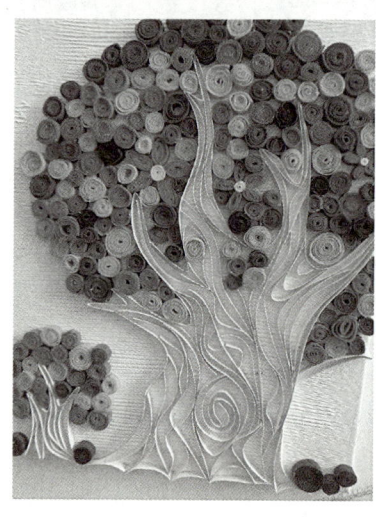

图3-19　以"树"为主题的墙饰

教室活动区的布置要依据主题活动设计的内容和幼儿的学习方式进行。教师可依据幼儿的兴趣与能力在教室内设计多样化的小区域，并在这些区域中提供与主题有关的丰富的玩具、教具、器材和设备等材料，让幼儿主动进行观察、探索和游戏。活动室中一般设有阅读区、音乐区、建构区、美工区、益智区等，但并不是每一个主题活动都会涉及这些活动区，这就需要教师在开展主题活动的过程中根据主题的需要开放相应的区域，并依据活动进展投放相应的材料（图3-20至图3-22）。

此外，可对走廊、楼梯、门厅等区域进行符合主题活动的环境创设，使主题活动环境得到扩展和延伸（图3-23至图3-25）。

图 3-20　走廊墙饰

图 3-21　活动室区牌

图 3-22　活动室区域环境创设

图 3-23　楼梯墙饰

图 3-24　立柱装饰

图 3-25　走廊创设

（二）环境的情境布置

情境布置是指教师围绕主题活动的内容创设相应的学习环境和氛围，营造一个幼儿能够身临其境的主题情境和学习环境。情境布置是主题活动环境创设的一个重要环节，该环节是依据幼儿园活动主题投放与充实材料、美化布置环境的过程。幼儿园主题活动中的情境布置主要包括门厅、活动室里的区角场所的环境创设，以及根据主题活动的需要布置相应的活动情境。主题活动中每一个活动的开展，通常要涵盖一个活动空间、相应的操作材料和适宜的环境（图3-26）。

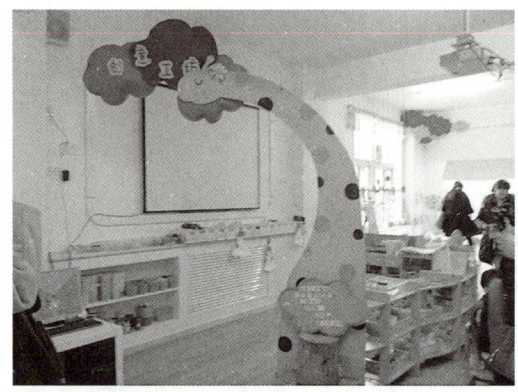

图3-26　情境布置

三、主题活动区环境的材料投放

材料是激发幼儿积极探究的有效媒介。有效的主题活动区环境的材料投放可以促进幼儿分析、理解、创造、动手操作等各方面能力的发展。幼儿参与活动的兴趣及活动的持久性与活动材料的投放有着直接的联系。为使材料具有教育价值，能够有效地促进幼儿的学习和发展，教师应在合适的活动区角提供能够充分激发幼儿兴趣的材料。

（一）逐步增减式

教师在活动开始时要在各个区域投放充足的适宜幼儿活动的材料。随着主题活动的进展，幼儿对活动内容的探究，以及活动形式的变化，教师要逐步、有间隔地增减材料。主题活动区中材料的增补可以让幼儿积极地参与，如有的材料是教师根据观察到的幼儿活动状况，主动为幼儿提供；有的材料是为了使活动顺利进行下去，需要幼儿自己收集材料。

此外，在主题活动区的材料投放中，教师也要根据实际情况对材料进行删减。例如，在观察到幼儿的活动兴趣出现变化时，就可以将操作材料在原来的基础上减掉一些，而增加使用频率高、幼儿活动数量多的区域的活动材料，或者投放新的材料引出新的问题，支持引导主题活动的继续开展。

（二）自然过渡式

在主题活动环境创设中，围绕主题活动创设的环境要根据教育和幼儿的发展需要不断发展变化，同时在不断更新主题活动环境的过程中，为幼儿提供更多参与活动和表现自我的机会和条件。例如，在帮助幼儿认识四季变化规律时，教师可以采用自然过渡式的方法：春天让幼儿用皱纹纸拧成迎春花、团成桃花粘贴在树干上；随着夏季的到来，让幼儿取下迎春花、桃花，添上叶子、补上桃子，表示夏季枝叶茂盛；到了秋季，再让幼儿把绿叶换成黄、红、棕色的叶子，并展示叶子飘落的情景；冬季来临，让幼儿取下叶子，换上白色的棉花表示积雪，并剪贴漫天飞舞的雪花和落满白雪的青松。这样，四季的景色在幼儿的参与下不断变化。

（三）分解重置式

教师应根据幼儿的发展情况，对材料进行优化组合，做到物尽所用。只有能够引发幼儿动手、动脑的材料，才能引发、支持幼儿的游戏和各种探索活动，因此，教师在调整材料时不必匆忙撤换材料，而应对材料进行分析。在肯定目标合适的前提下，可考虑调整投放的形式，如将材料从教室中的一个区角移至另一个区角，或者把材料和幼儿之前从来没有使用过的物品放在一起，或者通过新旧材料承上启下的组合产生新的游戏情境，促使幼儿将新旧经验相连，从而使操作活动更具延续性与连贯性。例如，在进行"我是小小工程师"这一活动时，教师投放家长提供的报废录音机等小家电，供幼儿拆卸，再把幼儿拆下的螺丝投放到纸板材料中，幼儿会用这些螺丝来进行纸板的固定。

四、主题活动展开过程中精神环境的有效支持

主题活动展开过程中，除了需要上述提到的物质环境方面的创设外，精神环境的支持对于主题活动的有效开展也很重要，二者缺一不可。在幼儿园主题活动中，精神环境是一种幼儿可以感受和体验到的潜在氛围，它通过对幼儿活动的动机、幼儿心理状态的影响，促进幼儿认知的发展。

在主题活动精神环境的创设中，首先要创设积极愉悦的主题活动氛围。主题活动氛围是指教师与幼儿在主题活动过程中形成的一种情绪、情感状态。主题活动过程既是信息交流的过程，也是情感交流的过程。在主题活动中，和谐、愉悦的活动氛围是鼓励幼儿与周围的人、事、物相互作用的前提，建立积极的情感氛围对于幼儿积极参与活动探究是至关重要的。

一般而言，教师的态度、期望、课堂行为、教学方法等都是直接影响情感氛围的无形因素。教师在活动中对幼儿探究行为的支持、积极言语的鼓励、适时的启发和引导可营造一种宽松和谐的氛围，这不仅有助于鼓励幼儿用自己所学的知识做出相应的选择，培养他们的兴趣，而且能为幼儿提供情绪的支持，使幼儿能够充满自信地、大胆地探索周围的环境和积极地表达自己的想法。

在主题活动中，教师与幼儿、幼儿与幼儿之间的关系直接影响主题活动的开展和幼儿的参与状况。主题活动中的师幼关系作为一种人与人之间具有情感色彩的人际关系深深地影响着主题活动的进程与效果，也影响着幼儿学习的积极性。和谐的师幼关系能够为幼儿提供有助于学习的情感氛围，使幼儿在活动中保持学习的积极性。

案例分析

案例描述： 在主题活动"神奇的印刷术"中，为小班幼儿提供的印刷材料为：硬币、树叶、复写纸、图画纸、铅笔、颜料、蜡纸、KT板等，引导小班幼儿分组、分材料尝试不一样的"神奇的印刷术"。小班幼儿好模仿，看到别人玩什么，自己也想玩什么，因此教师给他们提供的材料种类不必太多，但数量可多一些。例如，拓印，可以让幼儿把白纸蒙在硬币或树叶上，利用铅笔拓印，还可以让幼儿用在两张白纸中间夹一张复写纸的方法拓印出同样的图案。中班幼儿的思维要活跃得多，他们可能会想尝

试更多的印刷方法。因此，教师提供给中班幼儿的活动材料要相对丰富一些，如萝卜、土豆、蜡纸、油墨、颜料、KT 板等。大班幼儿的思维和想象就更活跃大胆，他们喜欢新奇的、不一样的东西，喜欢与众不同，并且他们可能会有更多更大胆的想法。例如，同样的雕版印，小班和中班的幼儿一般只是用铅笔在 KT 板上简单地刻画出一些图案，然后蘸上单一颜料直接印在纸上，而大班幼儿则会尝试用不同颜色分区域印刷；同样的材料如萝卜、土豆，小班幼儿直接蘸取颜料拓印，大班幼儿则会利用工具雕刻出不一样的造型与图案、文字后再印刷……因此，教师提供给大班幼儿的活动材料就要更加丰富，这样才能满足他们的要求。

分析： 教师在创设主题活动环境时，根据各年龄班幼儿的不同特点提供相应的活动材料，能够满足不同幼儿的实际需要。

联系一所幼儿园，配合幼儿园老师完成一次主题活动的环境创设。记录好创设过程。

1.［单选题］(　　) 布置是指教师围绕主题活动的内容创设相应的学习环境和氛围，营造一个幼儿能够身临其境的主题情境和学习环境。

A. 环境　　　　　　　　　　　B. 情境
C. 情景　　　　　　　　　　　D. 区角

答案：B。

解析：情境布置是指教师围绕主题活动的内容创设相应的学习环境和氛围，营造一个幼儿能够身临其境的主题情境和学习环境。情境布置是主题活动环境创设的一个重要环节，该环节是依据幼儿园主题活动中涉及的材料的投放与充实、环境的美化布置的过程。

2. [单选题] 在主题活动中（   ）是激发幼儿积极探究的最佳媒介。

A. 材料   B. 玩具

C. 老师   D. 家长

答案：A。

解析：材料是激发幼儿积极探究的最佳媒介。有效的主题活动区环境的材料投放可以促进幼儿分析、理解、创造、动手操作等各方面能力的发展。

3. [单选题] 主题活动展开过程中，除了需要物质环境方面的创设外，（   ）的支持对于主题活动的有效开展也很重要，二者缺一不可。

A. 精神环境   B. 文化环境

C. 制度环境   D. 游戏环境

答案：A。

解析：主题活动展开过程中，除了需要物质环境方面的跟进外，精神环境的支持对于主题活动的有效开展也很重要，二者缺一不可。在幼儿园主题活动中，精神环境是一种幼儿可以感受和体验到的潜在氛围，它通过对幼儿活动的动机、幼儿心理状态的影响，促进幼儿认知的发展。

实践操作案例

主 题 墙 饰

创设内容提要：主题墙饰反映了幼儿园主题活动的开展过程，记录了幼儿的学习轨迹。以绘本阅读为主题活动内容，根据幼儿的兴趣，教师带领幼儿创设了绘本中的精彩画面，反映了幼儿动态的学习过程和发展趋势。

工具材料：水粉颜料、水粉笔、马克笔、图画纸、剪刀、白乳胶等。

参考实例：图3-27。

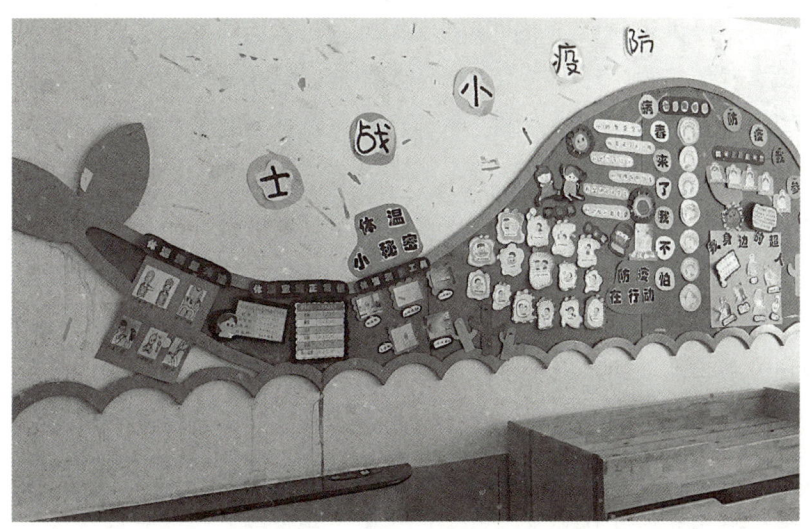

图3-27　"防疫小战士"主题墙饰

"骄傲中国"游园活动

　　"骄傲中国"游园活动由幼儿、家长、教师共同参与。将大主题分成几个小主题，包括："我们去旅行""创意脸谱""民族走秀""祖国长卷""拼图大赛""赞美祖国"等，通过主题活动的开展，幼儿初步获得有关祖国地域风貌、民族风情、人文、物产等方面的认知，感悟中国的传统和文化。

　　在创设"我们去旅行"环境时，呈现通过家园合作收集的国庆期间幼儿的旅行照片，幼儿介绍自己的旅游经历，了解当地的名胜和特产。在创设"创意脸谱"环境时，幼儿对脸谱产生了较高的兴趣，在美术区角大胆画京剧脸谱，通过收集、观看录像了解了许多京剧的知识。教师可以制作好脸谱的底板，让幼儿运用多种材料进行装饰。幼儿还可以戴一戴、演一演，乐在其中。在创设"民族走秀"环境时，让幼儿穿上自己喜欢的民族服饰，在布置好的T台上，和着音乐走秀。在露天的室外游戏区表演民族舞蹈大串烧。在创设"祖国长卷"环境时，教师提供给幼儿画笔、颜料、长卷等工具材料，幼儿在画卷上展现祖国的大好河山，体验快乐的情绪。在创设"拼图大赛"环境时，提供轻便且方便拼接的建构类材料，组织幼儿进行中国地图的拼图比赛。在创设"赞美祖国"环境时，收集全国各地一些有代表性的景点或者自然风光图片，如天安门、长城、喜马拉雅山、布达拉宫等，让幼儿在图片的提示下创编儿歌，以图文结合的形式记录下来。

教师立足于幼儿的兴趣点选择符合幼儿心理需求的活动内容，严格遵循尊重幼儿主观意愿及个性权利的原则。在"创意脸谱""祖国长卷"环境创设中，鼓励幼儿运用绘画、装饰的方法再现祖国的国粹文化和自然景观，有效促进幼儿小肌肉群的发展，提升手指活动的精确度；在"民族走秀"环境创设中，融入音乐节奏的元素，鼓励幼儿大胆展现美好的身体姿态，提高身体大动作的协调能力；在"赞美祖国"环境创设中，在图文结合的儿歌创编中，发展幼儿的语言运用和表述能力；在"拼图大赛"环境创设中，幼儿在想想拼拼中，熟悉中国版图分布的地理知识，丰富对祖国文化的经验感知。纵观全貌，游园活动的环境创设形式，给予了幼儿足够的自由选择空间，在协同游戏、材料分享和有规则的游戏活动中推动了幼儿的社会性发展，有目的、有计划地将幼儿身体、认知、语言和社会性等多方面的发展有机地结合在一起，相互融合、彼此辉映。

项目四

4

幼儿园与家庭、社区

　　《幼儿园工作规程》中指出："幼儿园应当充分利用家庭和社区的有利条件，丰富和拓展幼儿园的教育资源。"《幼儿园教育指导纲要（试行）》中提出："充分利用社会资源，引导幼儿实际感受祖国文化的丰富与优秀，感受家乡的变化和发展，激发幼儿爱家乡、爱祖国的情感。""充分利用自然环境和社区的教育资源，扩展幼儿生活和学习的空间。"幼儿园与家庭、社区合作共育不仅成为学前教育发展的趋势，而且能够有效地利用各种教育优势，促进幼儿的健康发展。树立幼儿园与家庭、社区共育的学前教育理念，建立健全社区的保障机制，鼓励家长以多种方式参与学前教育，充分利用社区的文化资源、自然资源及物质资源来促进幼儿园与家庭、社区有效的合作共育。

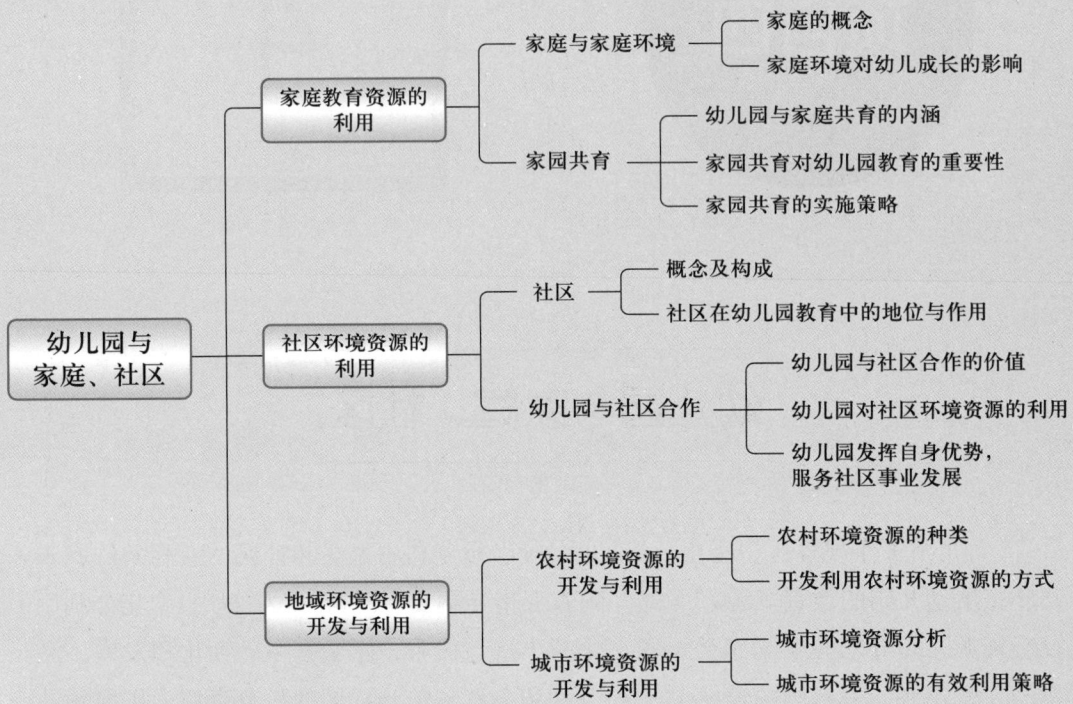

知识目标

- ☐ 了解家庭环境对幼儿成长的影响。
- ☐ 梳理社区教育资源的类型及特点。
- ☐ 领会地域环境的开发利用价值。

能力目标

- ☐ 掌握家园共育的实施策略。
- ☐ 能分析幼儿园与社区合作存在的问题。
- ☐ 能制订地域环境开发利用的有效策略。

素质目标

- ☐ 树立家园共育理念，增强职业素养。
- ☐ 爱农村、爱农业，有效利用农村资源进行幼儿园环境创设。
- ☐ 通过对城市资源的分析利用，形成建设祖国、投身幼教事业的职业理想。

任务一　家庭教育资源的利用

情境
导入

幼儿园为什么老给我们家长添麻烦？

　　家长们有给孩子做过幼儿园布置的手工作业吗？前段时间，一位同事就跟我吐槽了他们孩子的幼儿园布置的手工作业，主题是"变废为宝，回收再利用"，是为了响应垃圾分类而举办的一个活动。幼儿园给每个孩子发了6个纸盒，让爸爸妈妈和孩子一起开动脑筋，发挥创意，做出与众不同的椅子。同事两口子和孩子忙活了两个晚上，做出了一把6面的小椅子。第一个晚上先将6个盒子用胶粘在一起，再包上一层布；第二个晚上，同事用丙烯颜料在布面上画上卡通画进行装饰，终于完成了这把小椅子。虽然同事曾经学过画画，但是在布上画画还是头一回，他们一家三口折腾了两个晚上，弄得家里一片狼藉，最终也算是顺利完成了任务。其实像这样的家长有很多，幼儿园经常会布置类似的作业要家长和孩子一起完成。想想看，家长们上了一天班，回来还要做一些自己不太擅长的作业，肯定会有抱怨。所以，有不少家长一提到幼儿园的手工作业就叫苦不迭：这些作业不知道是锻炼孩子还是在锻炼我们家长呢？家长们的牢骚说明了什么？幼儿园究竟该如何利用家庭的教育资源，怎样发挥家庭教育资源的优势呢？

一、家庭与家庭环境

家庭教育与
幼儿园教育

苏霍姆林斯基曾说，儿童"只有在这样的条件下才能实现和谐的、全面的发展：两个教育者——学校和家庭，不仅要一致行动，向儿童提出同样的要求，而且要志同道合，抱着一致的信念，始终从同样的原则出发，无论在教育的目的上、过程上、还是手段上，都不要发生分歧"。幼儿园及其教师要高度重视家园共育的重要意义，从教育目标、内容形式、环境创设、活动开展等多方面，做好幼儿园与家庭的沟通工作，切实保障家园共育目标的一致性和行动的有效性。

（一）家庭的概念

家庭是以婚姻和血缘为纽带的基本社会单位，包括父母、子女及生活在一起的其他亲属。家庭教育环境是孩子从出生第一天开始，就受到家庭成员有意识的教育和潜移默化影响的场所，包括精神环境和物质环境。精神环境涉及家庭成员的思想品德、行为规范、兴趣爱好，以及家庭成员之间的关系等；物质环境涉及家庭成员之外的物质条件及其组织与安排，如家庭陈设与布置、物质环境的优化与美化、图书资料、电子产品等。对孩子来说，良好的家庭环境至关重要。营造感情融洽、温馨和睦、互相爱护，以及干净整洁、行为习惯良好的家庭环境，能使孩子的幸福感油然而生。从现实生活中的一些具体表现来看，家庭环境对幼儿的健康成长起着重要的作用。

（二）家庭环境对幼儿成长的影响

孩子出生后，从小到大，几乎有一半时间生活在家庭之中，接受着家庭的教育。这种教育是在有意和无意、有计划和无计划、自觉和不自觉之中进行的，不管是以什么方式、在什么时间进行教育，家长以其自身的言行随时随地影响着子女。这种教育对孩子的生活习惯、道德品行、谈吐举止等都在不停地给予影响和示范，其作用伴随着人的一生。

很多时候，家庭环境对幼儿的影响超过了专门的学校教育。这不仅仅因为家庭无时不在、无处不有的特性，也是因为家庭直观的影响和所包含的诸多潜在的、富有浸染性的因素。幼儿未来的发展与其所处的家庭教育环境相关。张宝蕊教授认为，在批评中长大的孩子，喜欢责难他人；在诚实中长大的孩子，勇于奋斗；在嘲笑中长大的孩子，个性羞怯；在羞辱中长大的孩子，充满了罪恶感；在宽容中长大的孩子，懂得容忍；在鼓励中长大的孩子，深具自信；在称赞中长大的孩子，懂得感谢；在公正中长大的孩子，极富正义；在接纳和友谊中长大的孩子，不但爱人，也爱世界。在现实生活中，很多家长望子成龙心切，期望值过高，训斥多于鼓励，教训多于理解，压制强于疏导，导致孩子产生不良情绪和人格障碍。父母应该给孩子多一点鼓励，在轻松的心理环境中，孩子会做出更多值得父母赞美的事情来。另外，父母离婚、分居、再婚等，也会使孩子心理产生波动，蒙上阴影。

在幼儿成长过程中，家风也是非常重要的。良好的家风包括高尚的精神情趣，浓厚的学习气氛，团结、和谐、平等的家庭关系，良好的教养态度和严格的生活制度。家风对孩子的影响是在不知不觉中悄悄地一点一滴渗透的，发挥"潜移暗化，自然似之"的作用。

二、家园共育

（一）幼儿园与家庭共育的内涵

家园共育是指幼儿园和家庭双方积极主动地相互了解、支持、配合，共同促进幼儿的身心和谐发展的活动。教师与家长沟通既可以让家长了解幼儿在园的表现，又可以让教师从家长那里了解幼儿在家的表现，从而增进家园合作，形成教育合力，更好地促进幼儿的发展。家园合作是双向的，但相对而言，幼儿园、幼儿园教师应处于主导地位。这是因为幼儿园是专业的教育机构，幼儿园教师是专业的教育工作

家庭教育资
源的开发与
利用

者，懂得幼儿身心发展的特点和规律，掌握了科学的学前教育方法。因此，他们有责任唤起家长的主人翁意识、激发他们积极合作的主动精神与态度。只有家长的主动性被激发和发挥，家园合作才能有效。

幼儿园调动、发掘家庭中所蕴含的人力、物力及信息资源，为幼儿创设优良的教育环境，增进幼儿与成人、环境之间的进一步互动，即家庭教育资源利用。家庭教育资源作为幼儿园教育资源的重要组成部分，不仅受到广泛重视，而且家长的参与具有独特作用。《幼儿园教育指导纲要（试行）》指出，调动家长关心、支持、参与幼儿园教育和管理的积极性，共同提高幼儿园保育和教育质量。家园配合，使幼儿在园获得的学习经验能够在家庭中得到延续、巩固和发展；同时，使幼儿在家庭获得的经验能够在幼儿园的学习活动中得到应用。

（二）家园共育对幼儿园教育的重要性

1. 家园共育能为幼儿身心健康发展创造良好的条件

幼儿园应与家庭密切合作，形成合力，使幼儿园与家庭对幼儿施加的教育影响在方向上保持一致。如果来自两个环境的教育影响在方向上不一致，就会减弱或抵消各自的教育影响，甚至给孩子的成长带来负面影响。比如，幼儿初入幼儿园时，面对陌生的环境，再加上初次与父母分离，会产生入园焦虑。幼儿园与家庭必须合作，以帮助幼儿顺利克服焦虑情绪。

2. 家园共育有利于家长资源的充分利用

家长与孩子之间特有的血缘关系、亲情关系与经济关系，使这种教育具有感染性、长期性和针对性。同时，幼儿的家长来自各行各业，是幼儿园得天独厚的教育资源。家长用各自的专长参与幼儿园的教育，可以深层次地了解幼儿园、了解幼儿教育。

3. 可以密切亲子关系，改进家庭教育

家园共育为促进亲子互动、相互了解提供了新的途径。家长参与幼儿园的教育活动，有机会了解自己的孩子在幼儿园的生活和学习，更好地认识自己孩子的特点。同时，也使幼儿有机会了解自己父母的工作与"本领"，对家长产生钦佩、尊敬的情感。家长和幼儿一起为幼儿园的主题活动收集资料、实地观察，帮助幼儿解决问题，促进亲子交往，密切亲子关系。

（三）家园共育的实施策略

1. 更新教育观念，明确角色定位

为实现家园共育的效果，幼儿园应及时更新教师和家长的教育观念，让教师和家长明确自身在家园共育工作中的角色定位和责任，以构建科学、全面的家园共育模式。

家长是家园共育的主体。家长不仅是家庭教育的实施者和幼儿的监护人，更是家园共育的观察者和评价者。家长对家园共育的理解和看法影响着家园共育的效果。因此，幼儿园应积极组织家园交流活动，促使家长学习先进的家园共育理念和家庭教育知识，让家长明确自身在幼儿成长道路上的重要作用，也让家长意识到家庭教育的重要性和家园共育对幼儿健康发展的意义，帮助家长更新教育理念，以保证家庭教育和幼儿园教育的一致性，为幼儿的健康成长提供保障。

2. 搭建交流平台，强化家园共育效果

为了进一步增强家园共育的效果，幼儿园要为家长提供丰富多样的服务，搭建交流平台与家长进行更为广泛和深入的交流，如利用家长开放日、家长助教、亲子活动等，让家长客观、真实地了解幼儿在园的表现和教师的工作情况，从而理解教师，有助于家园建立良好的关系。教师也可以组织家庭教育交流会，让家长们交流育儿经验，感受不同的教育观念，并在交流过程中取长补短、互相借鉴教育理念，提升教育能力，进一步保障家园共育的效果。

3. 合理利用家庭资源

一方面，幼儿园可以请不同职业的家长为幼儿园的活动做服务。比如，邀请做消防工作的家长来为幼儿模拟消防演练活动，借助家长的职业背景、专业知识为幼儿带来更形象、更直观、更丰富的消防内容，不仅激发幼儿的兴趣，提高安全意识，也使幼儿对消防职业有深刻的认识和理解，萌发珍惜生命的情感。另一方面，利用家长的群体力量帮助幼儿园收集环境创设所需要的材料。比如，环境创设所需要的塑料瓶、纸盒等废旧物，如果只用幼儿园教师的力量收集就显得比较薄弱，这个时候就可以发动家长力量，只需要将不要的废旧物在平时接送幼儿时带到幼儿园，教师再进行整理放置，以备不时之需。

综上所述，家园共育能充分发挥家长和教师在幼儿教育中的作用，增强幼儿教育的效果。因此，教师应清楚地认识到家园共育的重要性，准确定位自身在家园共育中的角色，尊重家长，积极与家长沟通，形成良好的家园共育氛围，助推幼儿健康成长。

案例
分析

案例描述： 图图（化名）是一个男孩，独生子，家庭条件比较优越。这个孩子入园的第一天，老师就发现了一些问题。首先，孩子是由爷爷奶奶送到学校，再送到班级，爷爷背书包，奶奶拿着早餐奶，到了教室后，这个孩子还是要爷爷、奶奶陪护。他什么也不做，不和其他孩子说话和玩耍；即使是发的一些操作材料，也是奶奶帮他收拾好。一个星期了，每天上午奶奶都在教室门口守候，否则孩子就要哭闹。老师发现这个情况后，及时与爷爷、奶奶沟通，并单独找孩子谈心、鼓励孩子。最后，孩子同意自己一个人留在班级，不用奶奶的陪护，不过条件是老师答应他在学校有任何问题会帮他解决。一段时间后，老师又发现图图的书包里经常放着零食，有时还有零钱，问明情况，原来是孩子的父母作为其上幼儿园的"谈判条件"……

分析：图图为什么有着这么多的问题呢？首先，家长没有从小培养孩子的自理能力、独立意识，总是想着为孩子做好事，认为孩子还小。殊不知，这样容易让孩子养成依赖心理，养成生活惰性。其次，家长溺爱孩子，随意在生活中满足孩子的无理要求，不论孩子做事对错都给予满足，从而使孩子自我意识过强，长此以往，会形成自私自利的性格特征，缺少明辨事理的能力。印度作家泰戈尔说过："鸟翼系上黄金，这鸟儿便永远不能在天空翱翔。"家长与孩子的交流，不可以以利益驱动孩子，不能把成人的功利主义带到教育中，让孩子觉得实际利益是做好事的保证，这样孩子从小会出现价值观偏移，将来极有可能误入歧途。

因此，家长在教育孩子时要学会放手，要让孩子做一些力所能及的事情，从小培养孩子的自理能力，让孩子养成良好的行为习惯。家长对于孩子的要求，可以满足，但一定要合情合理；不能满足，就一定要说明原因，让孩子接受现实。此外，家长在与孩子的交流中，一定要用积极的、正面的案例和情绪影响孩子，让"正能量"渗透于孩子的思想意识中。

思考
练习

（1）家园共育的实施策略有哪些？试举例说明。

（2）请分组从正反面讨论家庭教育环境对幼儿成长有怎样的影响。

真题链接

[2021下·单选·3分] 教师与家长沟通的根本目的是（ ）。

A. 让家长了解幼儿在园的表现

B. 了解幼儿在家的表现

C. 家园合作，形成教育合力

D. 完成园长交给的任务

答案：C

解析：理解家园合作的内涵，指导家园合作的目的是形成教育合力，更好地促进幼儿的发展。

国考模拟

1. [单选题]（ ）是以婚姻和血缘为纽带的基本社会单位，包括父母、子女及生活在一起的其他亲属。

A. 社会　　　　　　　　　　B. 创设合格的物质条件和良好的精神环境

C. 单位　　　　　　　　　　D. 家庭

答案：D。

解析：家庭是以婚姻和血缘为纽带的基本社会单位，包括父母、子女以及生活在一起的其他亲属。

2. [单选题] 对孩子来说，良好的（ ）就是最好的教育。

A. 家庭环境　　　　　　　　B. 学校环境

C. 社会环境　　　　　　　　D. 物质环境

答案：A。

解析：对孩子来说，良好的家庭环境就是最好的教育。营造感情融洽、温馨和睦、互相爱护，以及干净整洁、行为习惯良好的家庭环境，能使孩子的幸福感油然而生。

实践操作案例

家园联系栏

创设内容提要：家园联系栏是幼儿园每个班级必备的一个栏目，它是家长和幼儿园联系的一个纽带，同时也是为家长更好地了解幼儿在园情况提供的途径。家园联系栏也是家长进入班级看到的第一个环境，所以内容要丰富，外观要具有观赏性，让家园联系栏真正成为班级的一道亮丽的风景。

工具材料：水粉颜料、水粉笔、马克笔、图画纸、彩色卡纸、剪刀、白乳胶等。

参考实例：图4-1。

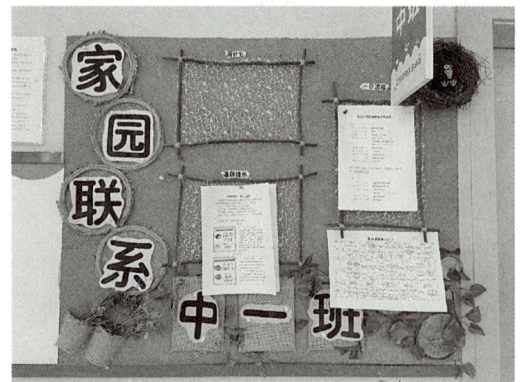

图4-1　家园联系栏

课外拓展

家　风

　　家风，一般指由父母或祖辈提倡并能身体力行和言传身教，用以约束和规范家庭成员的风尚和作风。家风是一个家庭长期培育形成的一种文化和道德氛围，有一种强大的感染力量，是家庭伦理和家庭美德的集中体现。家风是家庭成员道德水平的集中体现。家风作为一种精神力量，既能在思想道德上约束其成员，又能促使家庭成员在一种文明、和谐、健康、向上的氛围中不断发展。

　　家风作为家庭的文化和传统，表现的也是一个家庭的气质和风习，反映出一个家庭有别于其他家庭之处。它是一个中性的概念，并不必然具有正面的意义。有的家风可能是勤奋俭朴、为人忠厚、待人有礼；也有的家风可能是狡诈刻薄、游荡为非、恣戾凶横。也正因为如此，对家风、门风或称誉或贬损，从历史文献记载中可看出，在传统社会，被视为传家久、继世长的，多为耕读、忠厚、清廉这样一些美好的品质。良好的家风具有榜样性、社会性、传承性、吸纳性及创新性的特点。

　　"天下之本在国，国之本在家"。家庭是社会的细胞，是人生的第一所学校，是国家发展、民族进步、社会和谐的基点。家风相连成民风，民风相融汇国风。家风的建设、传承，影响一个人的一生、一个家庭的现在和未来、一个民族的传统与创新。

　　我们的祖先用他们的生活经验和治家实践，凝练出良好的家风家训并世代相传。今天的国人务实进取，爱国守信。进入新时代，家风不仅是社会生活的丰富内化，更是我们民族不可或缺的精神血脉。我们要发挥良好家风建设的独特作用，让每一个家庭都成为社会文明的传承者和推动者，共聚爱国爱家、崇德向善的强大精神力量，为把我国建设成为富强民主文明和谐美丽的社会主义现代化强国而奋斗。

任务二 社区环境资源的利用

购　物

　　幼儿园大班几位老师正在带领本班幼儿到社区的超市进行体验活动。只见幼儿排好队跟着老师有条不紊地参观超市每一个区域，老师带领幼儿认识超市服务人员、收银员、导购员，认识标签及物品的分类。参观后，老师引导幼儿按照购物计划在超市寻找指定的商品，选择购物时，老师鼓励幼儿与同伴合作，一起购买。购物后幼儿亲自参与称重，自己排队交费结账。通过这样的活动，幼儿了解超市的物品种类及相关工作人员的劳动；幼儿自己体验购物的程序及规则，丰富生活经验，提高交往能力；感受超市给人们带来的方便；激发幼儿的表现欲望，增强自信心。回园后，教师与幼儿一起创设相应的"小超市"活动区，让幼儿在游戏活动中模仿生活，获得生活经验。本案例就是幼儿园借助社区的物质资源，优化并推进幼儿教育工作。

一、社区

（一）概念及构成

社区是若干社会群体或社会组织聚集在某一区域里所形成的一个生活上相互关

联的集体，是宏观社会的缩影。虽然社会学家对社区的定义各不相同，但在社区的基本构成上形成了共识：社区应该包括一定数量的人口、一定范围的地域、一定规模的设施、一定特征的文化和一定类型的组织。人口、地域、设施、文化、组织等基本要素构成了社区环境。社区环境是社区成员共同创造、共同承载、共同享有的，对社区成员具有强大的凝聚力和感召力。

社区环境与
幼儿园教育

（二）社区在幼儿园教育中的地位与作用

1. 社区环境对幼儿产生潜移默化的影响

社区环境或多或少地影响着幼儿，一个自然环境优美的社区会让幼儿产生美好的情感，和谐积极的社区人文环境会给幼儿一种良好的情绪体验。社区中的邻里关系、同伴关系、风土人情，以及社区的建筑、活动设施、人文景观等都会对幼儿产生各种各样的影响。

2. 社区资源为幼儿园提供了现实支持

社区能为幼儿园提供教育所需要的人力、物力、财力、教育场所等多方面的支持。社区的积极参与将会使幼儿园教育变得更生动、更富有时代气息。比如，教师带领幼儿走进社区，开展丰富多彩的活动，幼儿可在活动中积累经验，提升能力。

3. 社区文化是一种现存的教育资源

社区文化丰富多彩，极具吸引力，融入幼儿园教学，可更好地推进课程改革，为幼儿身心健康发展创造条件。例如，有的幼儿园在课程中将社区的历史、风俗、革命传统等作为乡土教材来利用，使幼儿园教育内容变得丰富而有特色。

二、幼儿园与社区合作

社区作为幼儿生活、成长的地方，是幼儿园教育活动实施过程中不可或缺的环境资源。幼儿园要充分借助社区资源优势，优化并推进幼儿教育工作。

（一）幼儿园与社区合作的价值

1. 优化社区幼儿教育

幼儿园与社区的合作，可以在一定程度上优化社区的幼儿教育功能，具体表现为两方面。一是向社区普及优生、优育、优教的知识，指导家庭的优生、优育、优教；二是提高社区成员的文化素养，改进其陈旧观念与不良习惯，创造良好的社区生活环境与气氛。

2. 提高幼儿园的教育质量

幼儿园与社区合作营造无处不在、无时不在的教育环境，使社区内的每个家长和幼儿都处于这一环境之中。家长从中学习有关幼儿教育的知识和方法，而幼儿则受这种积极向上的环境影响，获得知识与才能，身心得到全面的发展。

3. 促进社区幼儿的社会化发展

幼儿园与社区合作能扩大幼儿与外部世界的交往范围。幼儿不仅可以在与这些人交往的过程中更加深刻地认识自己，而且可以了解他人，学习与其他人交流的方式方法，并从中获得社会知识，促进社会交往能力。

（二）幼儿园对社区环境资源的利用

社区资源的
开发与利用

1. 利用社区的地域环境优化幼儿园教育

社区的地域环境主要指的是社区的地理环境资源和人口环境资源等。幼儿园在利用地理环境资源的时候，要考虑社区的地理位置、地形地势和气候特征等因素。在沿海地区，教师可选择不同时间，带领幼儿去观看海浪的变化，在海边玩沙戏水；在丘陵地区，教师可利用当地的小山丘，开展各种体育游戏活动，如组织幼儿进行奔跑、爬山比赛；在四季分明的地区，教师可随着季节的更替，适时带领幼儿到社区中去走一走，看一看，指导幼儿用自己的眼睛发现季节的变化。教师要充分利用自然界的材料开展形式多样的活动，通过看一看、闻一闻、摸一摸、画一画、做一做，开阔幼儿眼界、丰富知识，提高感知力和创造力。比如，幼儿捡拾到的树叶，可通过剪、拼、贴，创造出造型各异、生动有趣的风景或动物造型。幼儿园在利用资源环境的时候，应考虑社区的水资源、土地和矿物等因素。如果附近有水厂，教师可组织幼儿去参观，让幼儿认识水的来源、净化、输送、饮用的全过程及污水处理问题等，体会到水的来之不易，萌发节约用水的意识。

2. 利用社区的人口环境优化幼儿园教育

可以让幼儿去访问社区中的工作人员，如保安、清洁工、快递员、消防队员等。在访问的过程中，幼儿了解到正是有了社区中的人们在不同工作岗位上相互奉献、相互关心，才有了这么美丽、这么安全、这么温馨的生活，从而也萌发关心他们的愿望。可以让社区人员成为教育者。在爱家乡的教育中，可以请亲历了几代变化的老人来给幼儿讲新旧城市发展变化的故事；在爱自己的生命教育中请社区中的交通警察给幼儿讲解交通规则；在关爱残疾人的活动中，请残疾人给幼儿讲他们的生活等。这些活动可丰富幼儿的知识和经验。

3. 利用社区的文化环境优化幼儿园教育

幼儿园在发挥社区文化环境的教育功能时，要注意协调好以下几种文化之间的关系。

（1）处理好物质文化与精神文化之间的关系。幼儿园一方面要选择时机，增加幼儿对美发店、美容院、健身房、茶馆等的认识；另一方面还要加大对精神文化资源了解的比重，促进幼儿对书店、图书馆、博物馆、影剧院、美术馆、科技馆、少年宫等的理解。

（2）处理好传统文化与现代文化之间的关系。例如，当社区里的腰鼓队、木兰拳队、太极拳队、龙舟队在进行表演时，教师可带领幼儿前去观赏；当社区里组织居民进行插花、弹钢琴、跳交谊舞、计算机打字、小品表演比赛时，教师也可指导幼儿参与比赛。

（3）处理好东方文化与西方文化之间的关系。为了促进幼儿对不同文化的认识、理解、尊重、宽容和接纳，教师既可以带领幼儿对比着参观面条店、水饺店和西餐厅，鼓励幼儿说说中餐店和西餐店的异同点，也可以指导幼儿观看二胡、古筝及钢琴、小提琴，启发幼儿讲讲中国民族乐器和西洋乐器有什么异同点。

（三）幼儿园发挥自身优势，服务社区事业发展

1. 树立幼儿园的文明形象，发挥文明示范的引领作用

幼儿园作为社区的组成部分，应以提高自身的文明程度，为树立社区的精神文明形象做贡献。

2. 开发利用幼儿园的教育设施，与社区共享

幼儿园是社区幼儿教育的核心，拥有齐全的幼儿教育设施设备。幼儿园可以开放这些物质资源，适时适度地向社区婴幼儿、家长开放，为居民提供便利条件。

3. 发挥幼儿园的教育专长，服务社区教育

幼儿园不仅拥有完备的硬件设施和环境，而且还拥有经验丰富的专业师资力量，以及有计划、有组织的教育活动等。幼儿园教师可以充分发挥自己的优势和专业特长，积极为社区服务。

总之，幼儿园要加大舆论宣传力度，强化科学育儿指导，充分利用家园联系栏、幼儿园网站、公众号、家园小报、班级家长会等多种形式，向家长、社区广泛宣传幼儿园工作和家园共育的重要意义，做到家喻户晓、深入人心，从而影响并动员家庭、社区进一步关心支持幼儿园教育事业的发展，形成幼儿园、家庭、社区"三位一体"共同推动幼儿园发展的合力，促进所有幼儿健康科学发展。

案例描述： 为了促进幼儿园环境走向社区，扩大环境教育的影响面，结合"世界

环境"日的主题，在六月份，社区幼儿园开展了"争当绿色小卫士""我来认领一棵小树""我为园区添一份绿色"等活动。幼儿园老师从了解树木对人类的好处入手，从调查幼儿园绿化环境做起，调动幼儿的积极性，增强幼儿爱绿护绿的理念。在老师的引导下，幼儿集体讨论，制作爱绿护绿的倡议书，进入社区进行环保宣传，争做绿色小卫士。请每个幼儿认领一棵小树，增加幼儿的责任感和保护意识。动员幼儿献出自己种植的花草，为小区添一份绿，以实际行动争做创建社区优美生态环境的小主人。本次活动，让幼儿对周围的绿化情况及环境保护有了一定的了解，懂得人与自然和谐共存的道理，知道破坏绿化对人类的危害。同时给幼儿创造了更大的、更好的学习空间，提高他们综合观察、分析的能力，动手制作能力和初步的审美鉴赏能力。

分析：在老师的引导下，幼儿积极行动起来爱护花草树木，立足幼儿园，走进社区，开展了形式新颖、内容丰富的环境教育宣传活动，小手牵大手，共建绿色社区，以此动员公众积极参与环保活动，实现绿色新生活。也体现了幼儿园与社区合建育人的理念，更好地促进幼儿的社会性发展。

思考
练习

观察自己所在的社区，如果你是本社区幼儿园中的老师，将如何利用社区资源来优化幼儿园教育？试举例详细说明。

真题
链接

[2017上·简答] 简述社区在幼儿园教育中的作用。

解析：从社区环境对幼儿产生潜移默化的影响、社区资源为幼儿园提供了现实支持、社区文化是一种现存的教育资源等方面回答。

国考
模拟

1．［单选题］有的幼儿园在课程中将社区的历史、风俗、革命传统等作为乡土教材来利用，使幼儿园教育内容丰富而有特色，发挥了（　　　）对幼儿园教育的意义。

A．社会资源　　　　　　　　　B．社区环境

C．社区习俗　　　　　　　　　D．社区文化

答案：D。

解析：社区文化对幼儿园教育具有重要的意义。它无形地影响着幼儿园的教育，优秀的社区文化更是幼儿园教育的宝贵资源。题目中幼儿园将社区的历史、风俗、革命传统等作为乡土教材来利用，丰富了教育内容，发挥了社区文化对幼儿园教育的意义。

2．［多选题］幼儿园要充分借助社区的（　　　）（　　　）（　　　）及利用其制度保障，优化并推进幼儿教育工作。

A．家庭资源　　　　　　　　　B．文化资源

C．地域资源　　　　　　　　　D．人口资源

答案：BCD。

解析：社区是以一定的地理区域为基础的社会群体，主要由地域环境、人口环境和文化环境等要素组成，所以幼儿园要利用社区的地域资源、人口资源和文化资源优化幼儿园教育。

实践操
作案例

垃 圾 分 类

创设内容提要：垃圾分类是对垃圾收集处置传统方式的改革，是对垃圾进行有效处置的一种科学管理方法。人们面对日益增长的垃圾产量和环境状况恶化的局面，通

过垃圾分类管理，最大限度地减少垃圾处置量，实现垃圾资源利用，改善生存环境质量。教师将垃圾分类的理念传达给幼儿，并和幼儿一起完成垃圾分类的环境创设，进一步理解其意义，自觉养成垃圾分类收集和处理的好习惯。

工具材料：水粉颜料、水粉笔、马克笔、图画纸、彩色卡纸、废旧纸箱、剪刀、白乳胶等

参考实例：图4-2。

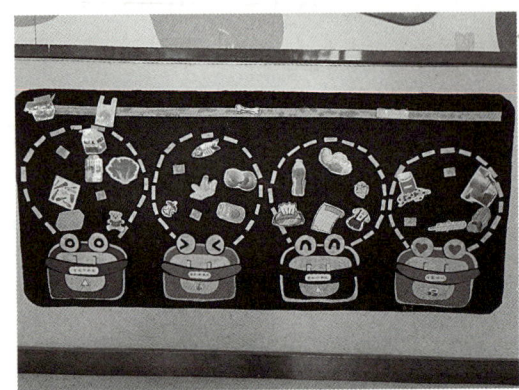

图4-2 垃圾分类墙饰

课外拓展

环保教育在社区资源中得到延伸

某幼儿园附近有个中心广场，10月，幼儿园教师带孩子到那里秋游。教师发现，广场周边一些居民由于公共环保意识差，随处可以见到白色垃圾，于是继秋游活动之后，幼儿园便以"社区环保"为主题，开展了为期一个月的社区环保活动。幼儿园与所在的商业街居委会联合开展"环保宣传月活动"，孩子们在广场给路人分发用废旧挂历制作的垃圾袋，用自己的舞蹈、歌声、画笔呼吁社区居民关注环保，共同建设美丽家园。孩子们还走进社区的大街小巷进行"保护我们的地球村，保护我们的母亲河"的宣传。使幼儿园与社区产生互动的教育功能，从而营造出一个幼儿带动一个家庭，一所幼儿园影响一个社区的环境保护氛围。

任务三　地域环境资源的开发与利用

情境
导入

乡土资源的利用

在装饰幼儿园环境时，许多教师会选择市场上可以买到的材料，如彩色卡纸、各种装饰物或是手工制作的半成品等，而没有灵活运用到本地域的乡土材料。其实，教师可以多利用身边的资源。如有着工艺美术之乡美誉的凤翔，有着丰富的手工艺品，教师可以利用泥塑、木版年画创设幼儿园环境，并带领幼儿认识本地域工艺美术的发展历程。但是，现实生活中教师却很少利用，即便有所体现，由于大部分教师没有认识到地域乡土资源在幼儿园环境创设中的重要性，在材料作品的选取上往往种类少、数量少，大同小异，没有新意，缺乏思考。这不仅不利于幼儿教师开展日常活动，更对幼儿的审美意趣产生不利影响，幼儿每天面对着几乎相同的乡土材料很容易产生厌倦情绪，这不利于培养幼儿的文化认同感和对家乡的喜爱之情。所以，幼儿园要从实际出发，在日常教学活动中引入更多的本土资源，从而开发更多有特色的课程，同时促进本地文化的继承和发展。

知识
学习

一、农村环境资源的开发与利用

在农村，不像城市那样有博物馆、科技馆等物质资源，但农村有着丰富的自然资源和民间文化资源，因此，农村幼儿园要利用本土资源优化教学活动，提升幼儿综合能力。

（一）农村环境资源的分类

1. 文化环境

在农村环境及人文条件等因素的影响下，幼儿园教育活动可以采用体验风土人情的方式。农村的风土文化由民间技艺、传统文化等要素组成，如捏面人、皮影戏、泥塑、木偶、剪纸等民间工艺，并且这些民间文化的传承要远远优于城市。幼儿教师可以在这个基础上带领幼儿走访民间艺人、学习优秀的民间文化，从小培养幼儿对本土文化的认识，了解本地的风土人情，从而了解中华传统文化。这样的教育活动既能够使幼儿了解本地的风土人情，也有利于提升幼儿的艺术素养，实现我国传统文化优质高效的传承和发展。

2. 自然环境

农村有着得天独厚的自然资源，走出园门，就是广阔的天地。环境是非常重要的教育资源，幼儿教师带领幼儿走进大自然，探索自然的美妙和奥秘。可以利用季节特点，在不同的季节带领幼儿领略不同的自然风景。观察动物的习性、聆听鸟虫的鸣叫，感受大自然的神奇、增加幼儿对自然的兴趣，使其能够自主进入自然环境、欣赏农村的美景。带领幼儿观察每个季节庄稼或果树的生长变化：庄稼从播种、发芽、生长、开花、抽穗、收获的过程；果树从开花、修剪、结果、丰收的过程。让幼儿对植物的生长变化有一个直观的印象，感受种子的力量，进而萌发珍惜生命的情感。

3. 游戏环境

在农村流传着许多具有本土特色的民间游戏："老鹰捉小鸡""顶牛""斗鸡""打陀螺""滚铁环"等，它们来源于生活，立足于生活，不被时空约束，不被环境所限制，可以随时随地进行，克服了农村幼儿园材料不足、条件有限的缺点。

（二）开发利用农村环境资源的方式

1. 因时因地，组建课程内容

农村资源的
开发与利用

农村的自然资源利用具有季节性，幼儿教师要结合幼儿园课程内容的需要，让环境资源成为课程的重要组成部分。如农作物的播种、生长、收获具有季节性，而且平原与山区还具有一定的时间差。教师可依据农作物生长规律，针对具体时间和季节做好相应准备，让幼儿在合适的时间地点观察农作物的生长；农忙时节，可以有针对性地开展活动，如到田间地头给庄稼拔杂草，帮农民伯伯拾麦穗、捡花生等，做一些幼儿力所能及的事情，一方面让幼儿切身体会粮食来之不易，养成爱惜粮食的好习惯；另一方面使其在体能上得到了锻炼，培养爱劳动的好习惯。

2. 因地制宜，创设户外活动

幼儿对生于斯长于斯的本土大地有着无与伦比的亲切感，他们喜欢乡间小道，喜欢树林草垛，喜欢溪流野花，色彩缤纷的大自然提供了丰富的活素材。教师可以利用农村特有的环境和物质条件，就地取材，制作各种活动教学玩具和活动器械。如在粗壮的树干上系两根草绳，它便成了幼儿乐此不疲的"秋千"；在树桩上放上木板就成了幼儿流连忘返的"跷跷板"；用翠绿的竹子锯成短筒就成了幼儿挑水的水桶；幼儿在草地上用泥巴、木块垒墙砌砖，建构房子；在水池边捞鱼捉虾玩过家家。

3. 依托民间游戏，创新活动内容

民间游戏具有乡土气息浓郁，趣味性、娱乐性强的特点，幼儿容易学、容易玩，兴趣也很高。一些民间童谣、谚语、儿歌都可以作为教师开展游戏的素材。如根据《月光光》《灯盏糕》《炒黄豆》《编花篮》等朗朗上口的童谣，结合一些民间游戏的特点，把它们运用到幼儿园的游戏活动之中，使老游戏赋予新的生命力，既有教育价值又让幼儿玩得开心快乐。如"踢沙包""降落伞""木头人"等，通过教师与父母、幼儿共同参与、改编和创新，使民间游戏以崭新的面貌走入幼儿的生活，不但丰富了游戏的内容和形式，还有效地提高了幼儿的游戏技能。

4. 利用自然资源，丰富活动材料

幼儿园活动室里的各个区角有利于幼儿积极地创造性地参与活动。挖掘、利用农村丰富的自然资源，为幼儿活动区角增加活动材料，体现活动价值。蔬菜是农村一年四季都有的作物，紫色的茄子、绿色的辣椒，红色的西红柿，白色的萝卜等，五颜六色的蔬菜就是幼儿的操作材料，可以利用它们开展各种各样的活动；收集一些秸秆、柳条、稻草等投放到"操作区"，鼓励幼儿做柳笛、扎制小玩具、编辫子、搓绳子、做稻草人，或利用自制材料玩跳绳、跨跳、揪尾巴等游戏；投放秫秸秆、小石头、贝壳、果壳、果核等自然材料，用于数数、分类、排序等操作活动，让幼儿在操作中形成数的概念，发展幼儿的思维能力，促进智力发展。自然材料用作活动区进行活动，既培养幼儿朴素的节俭意识，又可以以"材料"为媒介，引导幼儿大胆、主动创造，充分调动幼儿的活动兴趣。

实践表明，只要善于研究、利用农村的各种资源，就能为幼儿提供丰富的、取之不尽的活动材料。同时，利用农村特色资源开展活动区活动符合幼儿的认知规律，能有效地促进幼儿在情感、态度、能力、知识、技能等方面的发展，不仅能够培养幼儿健康活泼、勇敢自信的品质，以及热爱家乡、热爱大自然的美好情感，而且使农村幼儿园的教育活动更具时效性和地方特色。

二、城市环境资源的开发与利用

城市环境是人类利用和改造环境创造出来的高度人工化的生存环境，它包括政治、经济、文化、历史、人口、民族等社会环境和地质、地貌、水文、气候、动植物、土壤等自然环境，有现代化的工业、交通、运输、通讯、文化、娱乐设施及服务行业，为居民的物质和精神生活创造了优越条件。

（一）城市环境资源分析

城市资源包括自然资源和社会资源，社会资源又包括人力资源、物质环境资源和文化环境资源。对于幼儿园教育而言，城市可利用的环境资源主要是指社会资源中的三种。人力资源有各个领域的专家、高层次人才等；物质环境资源有优美的公园、便捷的交通、形形色色的饭店等；文化环境资源包括学校、体育馆、图书馆、科技馆、博物馆等。

不同城市的幼儿园所处城市环境有一定差异，但城市幼儿园周边环境资源一般是比较丰富的。在幼儿的眼中，城市里有太多好吃的、好玩的、好看的，城市里有太多值得他们探究的环境资源。若幼儿园能从课程的角度出发，有效利用这些城市环境资源，幼儿就能够从中获得很多发展。在对城市环境资源的探究中，能够让幼儿在主动探究和自主解决问题中引发对周围生活的关注，在真实的城市体验中认识周围的世界，从而萌发幼儿热爱家乡、热爱生活的情感，促进幼儿探究能力、创造能力的发展，帮助幼儿成为完整的自己。

（二）城市环境资源的有效利用策略

城市资源的开发与利用

《中华人民共和国教育法》第五十一条明确规定："图书馆、博物馆、科技馆、文化馆、美术馆、体育馆（场）等社会公共文化体育设施，以及历史文化古迹和革命纪念馆（地），应当对教师、学生实行优待，为受教育者接受教育提供便利。"幼儿园可以充分利用城市公共资源，开展教育活动。

1. 以幼儿为中心，调研、筛选适宜的环境资源

从幼儿的视角出发，依据幼儿对城市环境资源的关注和兴趣，选择幼儿喜欢的、愿意探究的，符合他们年龄特点的环境资源是有效开发的前提。对于选择什么样的环境资源带领幼儿参观学习，以往我们更多的是从成人的角度进行筛选和运用，却忽视了幼儿的想法，没有考虑幼儿特殊的年龄特点、身心特点和学习方式，造成在实际研究中幼儿根本不感兴趣，不能真正投入。因此，我们开发的环境资源应该是以幼儿为中心进行筛选、整合的。

另外，要从安全性、教育价值、便利条件、支持程度等方面，对资源进行综合

性评估。从中选择一些优质的、典型的、教育功能强、安全性高的场所作为幼儿园教育备选资源。

2. 分析特定环境资源的教育价值，建立资源信息库

在确定了重点学习资源后，教师要组织团体研讨，根据幼儿的年龄特点，以《3—6岁儿童学习与发展指南》为抓手，对几个重点探究的环境资源价值进行深入剖析，同时需再次通过查阅资料、实地考察、交流讨论等其他方式对其进行加工、组织，尝试抓住这些环境的"资源核心点"，寻找活动线索，形成方案网络图，预设每一个项目活动可能发展的方向，预先为幼儿提出的问题与建议做好准备，增强活动的目的性。

按资源类别逐一建立备选资源信息库。根据环境资源所在地、类别、教育价值、提供的服务、接待规模等信息进行分类建档，信息库的建立过程，是城市资源与幼儿的发展有机整合、科学配置教育资源的过程。它有利于幼儿园根据幼儿认知与学习特点、不同年龄段幼儿学习与发展要求，开展有目的、有计划、有组织的教育活动，是尊重幼儿教育规律，发挥环境资源教育作用，提高城市环境资源的教育利用率的具体体现。

幼儿园教育实践证明，一些教育活动和内容完全可以利用城市环境资源来开展，真实的城市社会环境能够更好地激发幼儿的求知欲和好奇心，引发幼儿的探索行为，积累生活经验，从而获得运用知识的能力，解决生活中的问题，取得良好的教育效果。

案例
分析

案例描述： 西安市一所幼儿园，根据驰名中外的文化遗产——兵马俑开发了艺术、语言、社会等课程，还进行了富有地域特色的环境创设。教师先带领幼儿到兵马俑现场参观，亲身体验，了解兵马俑的名称与姿态，感受兵马俑威武、神圣的气势。回到幼儿园，教师通过图片、视频、模型等多种形式再次向幼儿展示兵马俑，然后让幼儿自主选择材料尝试制作兵马俑的造型，并说出制作好的是哪种姿态。教师可将幼儿制作好的作品呈现形成有主题性的环境创设（图4-3）。最后，教师引导幼儿进行环境评价，指导兵马俑是我国著名的世界文化遗产，让幼儿感受到我国是一个具有悠久历史的文化大国。

图4-3 兵马俑主题活动环境创设

分析： 本所幼儿园就是利用所处城市的文化资源，因地制宜地利用了兵马俑资源，将其特色投放在幼儿园教育活动中，产生了教育价值，拓展了教育内容，并为幼儿发展提供支持。

（1）毕业后，你有可能到农村幼儿园任教。请设想：你将如何创设幼儿园的活动区？请以中班为例，结合你所了解或熟悉的农村环境资源，谈谈你的设想及可行性。

（2）制订一个参观某博物馆的活动方案。

1. [多选题] 对于幼儿园教育而言，城市可利用的环境资源主要有（　　　）、（　　　）和（　　　）。

A. 人力资源
B. 物质环境资源
C. 文化环境资源
D. 自然资源

答案：ABC。

解析：对于幼儿园教育而言，城市可利用的环境资源主要有人力资源、物质环境资源和文化环境资源。人力资源有医生、教师、警察、工人等；物质环境资源有公园、超市、医院、邮局、理发店、小吃店、面包房等；文化环境资源包括学校、图书馆、体育馆、博物馆、科技馆等。

2. [单选题] 农村的风土文化由民间技艺、（　　　）等要素组成，如捏面人、皮影戏、泥塑、木偶、剪纸等民间工艺。

A. 物质文化
B. 精神文化
C. 现代文化
D. 传统文化

答案：D。

解析：风土文化指的是一个地方的风俗习惯，具有地域特色。农村的风土文化由民间技艺、传统文化等要素组成。传统文化是文明演化而汇集成的一种反映民族特质和风貌的文化，是民族历史上各种思想文化、观念形态的总体表现，如捏面人、皮影戏等。

3. [单选题] 农村有着得天独厚的（　　　）和条件，走出园门就是广阔的天地。

A. 物质资源
B. 精神资源
C. 自然资源
D. 人文资源

答案：C。

解析：农村有着得天独厚的自然资源和条件，如山峦、河流、耕地及其附属农作物等。热爱自然、亲近自然、探索自然是幼儿的天性。

实践操
作案例

自然素材的利用

创设内容提要：走进大自然，用捡拾回来的叶子、树枝、松塔等自然材料和小朋友们一起贴一贴、绑一绑，就会成为一件独特的装饰板或公告板。

工具材料：树叶、树枝、松塔、麻绳、瓦楞纸、剪刀、热熔胶等

参考实例：图4-4。

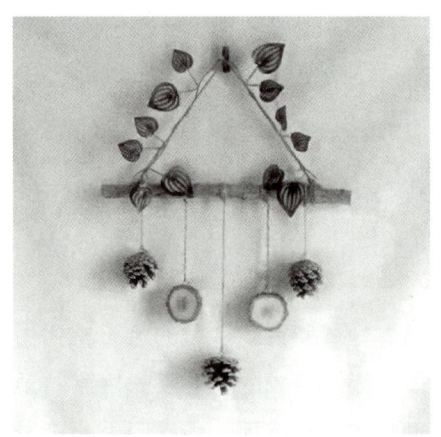

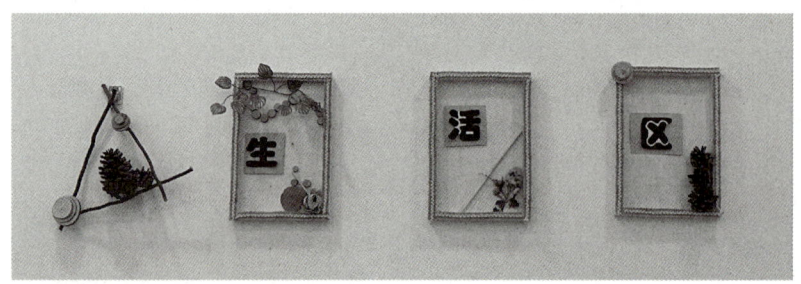

图4-4　利用自然素材创设环境

課外
拓展

安 吉 游 戏

　　浙江安吉，黄浦江之源，曾获联合国最佳人居奖，也是十八大报告中"中国美丽乡村"概念的最初原型地。这里，山青水绿，处处风景，是上海、杭州的"后花园"。在学前教育界，安吉以游戏闻名。安吉县幼儿园游戏教育又被称为"安吉游戏"。安吉游戏是一场以"让游戏点亮儿童的生命"为信念的游戏革命，幼儿把控着游戏的主动权，游戏是孩子的，孩子在游戏中发展。

　　安吉县幼儿园为孩子们创设了户外野趣游戏区，丰富多样的活动场所每天都可供孩子们自主选择。特意挖的沟壑、山坡、草坪、秋千、木屋、绳网，不仅给孩子们提供了锻炼体能的机会，更给孩子们无限的游戏想象，既具有挑战性，又具有原始生态性，而游戏中提供的麻袋、麻绳、木桩、木条、木箱、梯子等让孩子们在自主自由的环境中生成各种游戏（图4-5）；"涂鸦区"内的瓷砖墙面、大滚筒、各号画笔、棉棒、滚筒刷、水桶、抹布、废旧材料等，可让孩子们在自由自在的方式中尽情表达，有的是随性的线条与点的组合，有的是天马行空的想象画，有的是生活情景的再现……处处洋溢着孩子们的情感，生动而稚拙（图4-6）。

图4-5　跳高　　　　　　　　　　　　　　　图4-6　涂鸦

　　安吉游戏材料投放的特色之一就是合理利用现有的自然资源。安吉盛产竹子，在安吉县幼儿园里，随处可见由竹子制作的东西，如竹筒、竹棍、竹凳等，这些东西不仅可以作为幼儿的滑梯，幼儿还可以拿这些东西搭房子，建造小桥，或是把这些东西放到游戏中去，充当杯子、铲子等物品（图4-7）。除竹子制品之外，还能看到其他自然资源的利用，如沙土、木桩、废弃的汽车等，这些游戏材料不仅安全，而且常见（图4-8至图4-10）。

图4-7　竹筒游戏

图4-8　玩沙

图4-9　荡秋千

图4-10　玩水

164

参 考 文 献

［1］沈建洲. 幼儿园教育环境创设［M］. 上海：复旦大学出版社，2021.

［2］孙平燕. 幼儿园环境设计与布置［M］. 西安：西北大学出版社，2017.

［3］玛丽亚·蒙台梭利. 蒙台梭利早教全书［M］. 北京：中国妇女出版社，2018.

［4］蒙台梭利. 蒙台梭利早期教育法［M］. 龙玫，译. 杭州：浙江工商大学出版社，2018.

［5］李静. 幼儿园环境创设实用教程［M］. 南京：南京师范大学出版社，2018.

［6］王燕. 幼儿园环境创设——理论与实践［M］. 北京：首都师范大学出版社，2019.

［7］王冰. 幼儿园环境创设［M］. 长沙：湖南师范大学出版社，2019.

［8］袁爱玲. 幼儿园环境创设［M］. 长沙：湖南大学出版社，2015.

［9］杨枫. 幼儿园教育环境创设与玩教具制作［M］. 3版. 北京：高等教育出版社，2019.

［10］卢伟，王雨露. 幼儿园环境创设［M］. 北京：语文出版社，2017.

［11］汝茵佳. 幼儿园环境与创设［M］. 2版. 北京：高等教育出版社，2012.

［12］袁爱玲，廖莉. 幼儿园环境创设理论与实操［M］. 上海：华东师范大学出版社，2017.

［13］董旭花，张升峰，臧冬玲，等. 幼儿园环境创设［M］. 北京：中国人民大学出版社，2018.

［14］桑德拉·邓肯，乔迪·马丁，萨莉·豪伊. 儿童视角的幼儿园班级环境创设［M］. 马燕，马希武，译. 北京：中国轻工业出版社，2020.

［15］王哼. 幼儿园可操作的区角活动180例［M］. 福州：福建教育出版社，2020.

［16］杨梅. 自主、探索、合作：幼儿园区域创设及活动开展实践方案［M］. 上海：华东师范大学出版社，2016.

［17］尹坚勤，管旅华.《幼儿园教师专业标准（试行）》案例式解读［M］. 上海：华东师范大学出版社，2013.

［18］赵玉文. 幼儿园环境创设［M］. 上海：上海交通大学出版社，2018.

［19］张建波. 幼儿园环境创设［M］. 北京：教育科学出版社，2018.

［20］中公教育教师资格考试研究院. 国家教师资格考试专用教材：保教知识与能力历年真题及标准预测试卷·幼儿园［M］. 北京：世界图书出版公司，2022.

读者意见反馈

为收集对教材的意见建议，进一步完善教材编写并做好服务工作，读者可将对本教材的意见建议通过如下渠道反馈至我社。
咨询电话　400-810-0598
反馈邮箱　gjdzfwb@pub.hep.cn
通信地址　北京市朝阳区惠新东街 4 号富盛大厦 1 座　高等教育出版社总编辑办公室
邮政编码　100029